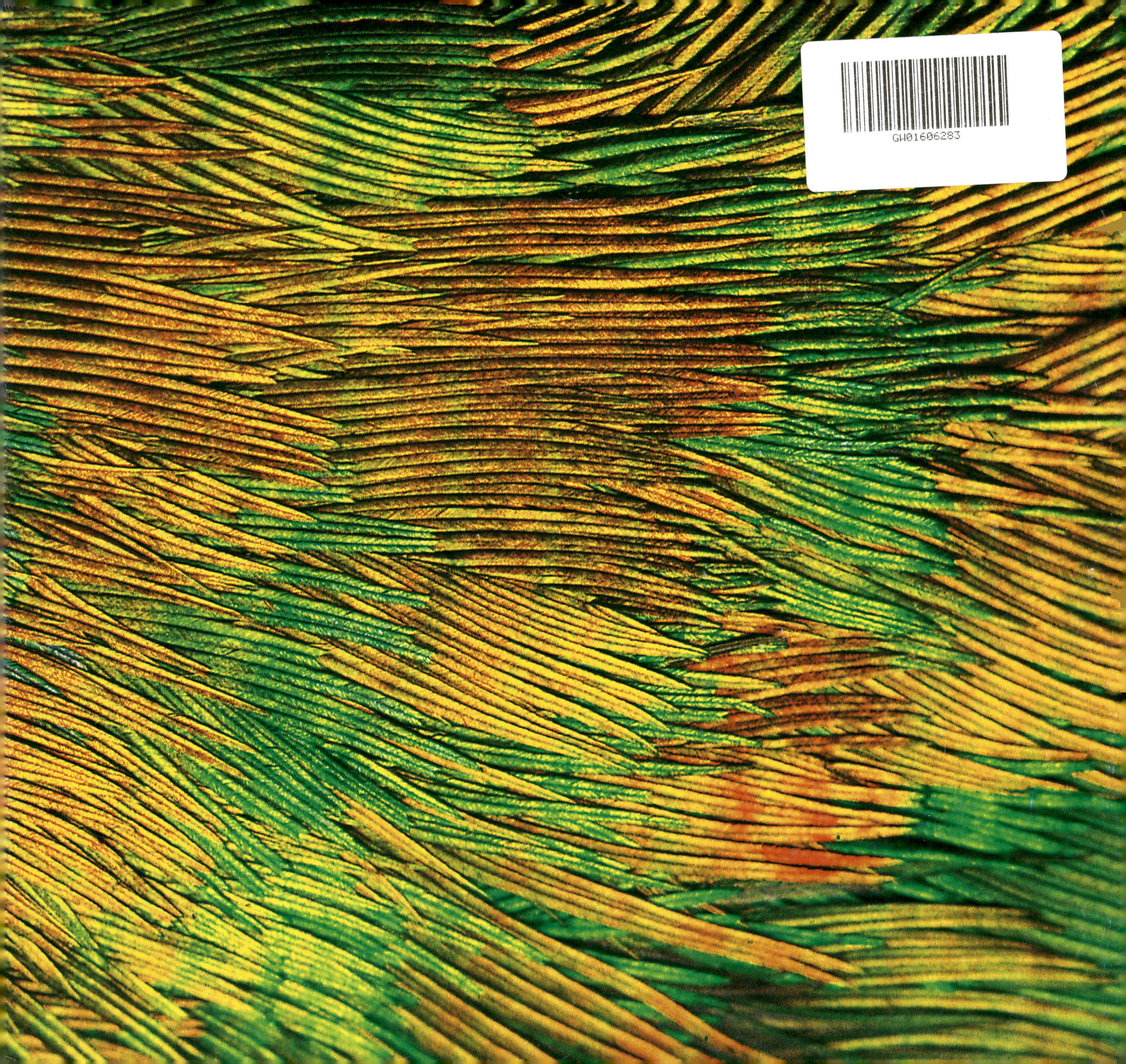
GW01606283

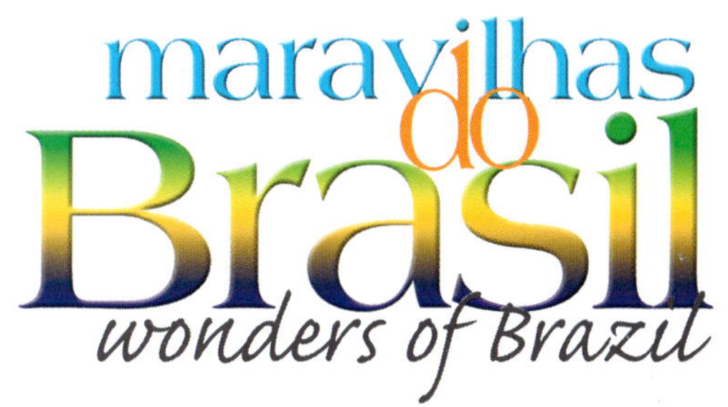
maravilhas do Brasil
wonders of Brazil

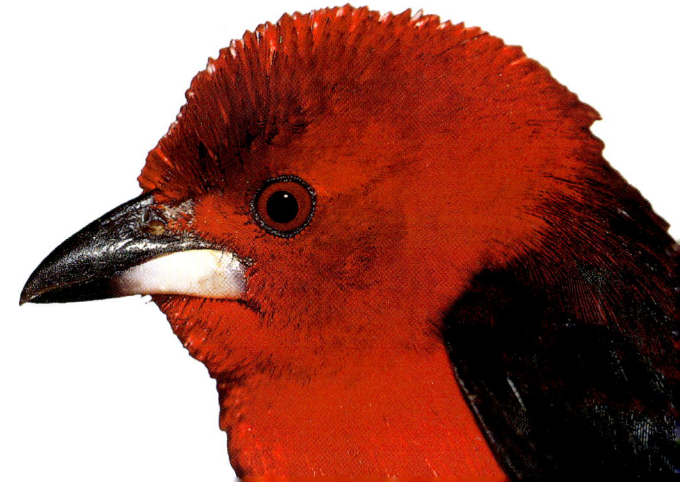

© 2005 by Fabio Colombini

Todos os direitos desta edição foram cedidos a
Escrituras Editora e Distribuidora de Livros Ltda.
Rua Maestro Callia, 123
04012-100 – Vila Mariana – São Paulo – SP
Tel.: (11) 5082-4190 – escrituras@escrituras.com.br
http://www.escrituras.com.br

Dados Internacionais de Catalogação na Publicação (CIP)
(Câmara Brasileira do Livro, SP, Brasil)

Colombini, Fabio
Maravilhas do Brasil: aves = Wonders of Brazil: birds / Fabio Colombini; textos de / texts by Martha Argel; [tradução / translator Douglas V. Smith]. – São Paulo: Escrituras Editora, 2005.

ISBN: 85-7531-165-4

Edição bilíngüe: português/inglês.

1. Aves – Fotografias 2. Aves – Brasil I. Argel, Martha. II. Título. III. Título: Wonders of Brazil: Birds

05-2168 CDD-779.3280981

Índice para catálogo sistemático:

1. Aves: Brasil: Fotografias 779.3280981
2. Brasil: Aves: Fotografias 779.3280981

Impresso no Brasil
Printed in Brazil

EDITOR
Raimundo Gadelha

COORDENAÇÃO EDITORIAL
Angela Annunciato

PROJETO GRÁFICO
Vaner Alaimo

TRATAMENTO DE IMAGEM
Reverson R. Diniz

TRADUÇÃO
Douglas V. Smith

REVISÃO
Sumaya Lima

IMPRESSÃO
Lis Gráfica

Fabio Colombini

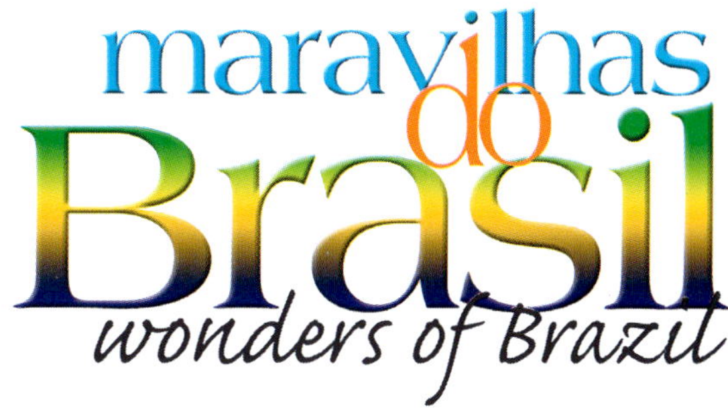

Texto/text: Martha Argel

Aves Birds

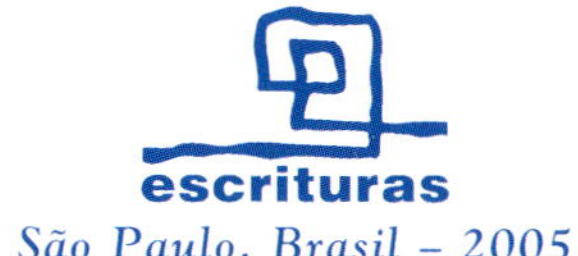

São Paulo, Brasil – 2005

"Que provoca grande admiração, deslumbramento, fascínio, prazer; de grande beleza; que tem muitos atrativos; que encerra maravilha ou prodígio, ou que é inexplicável racionalmente". Estas são as definições disponíveis, na maioria dos dicionários, para a palavra "maravilhoso".

Não poderia haver forma melhor de conceituar essa nova coleção da Escrituras Editora: *Maravilhas do Brasil* existe para mostrar toda a beleza da nossa terra, que parece mesmo impossível, sem explicação. Quantas cores cabem num pássaro menor do que a mão de uma criança? Qual o número de desenhos possíveis que se pode encontrar nas folhas das árvores de uma floresta tropical? Quantos formatos diferentes de sorriso existem na população ribeirinha do norte do país? Quantos tons de azul exibem nossos rios? Como explicar a luz que só existe nas nossas praias, como saber de onde vem a força das pessoas que juntam barro e palha e fazem uma obra de arte?

Sim, o Brasil provoca deslumbramento e é completamente inexplicável racionalmente. O número de maravilhas é quase infinito. Portanto, esta será uma coleção muito, muito longa. E, claro, maravilhosa. Literalmente.

Os editores

"Arousing wonder, admiration, or astonishment; surprising, extraordinary; superb; excellent; great; amazing; wonderful; something rationally unexplainable." These are dictionary definitions of the word "marvelous".

There is no better way to describe this new collection by Escrituras Editora: Maravilhas do Brasil *(Wonders of Brazil) shows all of the beauty of our country, which really seems an impossible, inexplicable task. How many colors fit on a bird that is smaller than a child's hand? How many different designs are on the leaves of trees in a tropical forest? How many different smiles can be found on the faces of those who live along the rivers in northern Brazil? How many shades of blue can be seen in our rivers? How can you explain the light that only exists on our beaches, how do you know the origin of the strength of the people who put clay and straw together to make works of art?*

Yes, Brazil stirs a sense of wonder and is totally indescribable, from a rational standpoint. The number of marvels is almost infinite. Therefore, this will be a very, very long collection. And wonderful, of course. Literally.

Editors

Introdução

Com quase 1.700 espécies, o Brasil é o terceiro país do mundo em riqueza de aves, perdendo apenas para a Colômbia e o Peru.

A avifauna brasileira não é apenas rica, mas inclui diversas exclusividades, espécies que não ocorrem em outros países e que são chamadas de endêmicas. Quase 200 espécies de aves têm distribuição geográfica restrita ao Brasil. Esse fato implica numa grande responsabilidade, pois significa que sua sobrevivência depende unicamente do esforço conjunto da sociedade e do governo brasileiros para a conservação de nosso patrimônio natural.

Boa parte da riqueza ornitológica brasileira é devida à presença de duas grandes formações vegetais: a floresta amazônica e a mata atlântica.

A floresta amazônica, a maior região florestada do planeta, existe há milhões de anos, e o longo histórico de evolução conjunta resultou num ambiente de grande complexidade ecológica. Devido ao clima tropical, à grande extensão e à diversidade de ambientes de que se compõe, apresenta uma riqueza incrível de recursos e de nichos a serem explorados, e é capaz de abrigar uma variedade imensa de aves. Em nenhum lugar do mundo vivem tantas espécies, muitas delas com coloridos, formas e comportamentos únicos e fascinantes.

Também a mata atlântica tem uma avifauna riquíssima, constituindo uma das regiões de maior biodiversidade e maior grau de endemismo no mundo. No passado, estendia-se do Rio Grande do Norte ao Rio Grande do Sul, mas a urbanização e a ocupação agropecuária não pouparam sua exuberância, e da grande floresta costeira pouco restou. Apenas entre o Rio de Janeiro e Santa Catarina existem trechos de mata atlântica que ainda lembram a antiga grandeza desse ecossistema.

Os outros domínios naturais brasileiros podem não abrigar tantas aves quanto essas duas florestas, mas ainda assim sua fauna é rica se comparada com a maior parte dos ambientes no resto do mundo.

Os cerrados, típicos do Brasil central, compõem-se de uma grande variedade de paisagens, indo do campo-cerrado, uma pradaria natural, ao cerradão, uma floresta baixa e densa. Nas margens dos rios ocorrem formações muito típicas, as matas-galeria e as veredas de buritis. Com semelhante abundância de ambientes, é natural que a região dos cerrados seja habitada por um grande número de aves, que inclui algumas espécies não encontradas em outros ecossistemas.

A caatinga talvez seja o mais brasileiro de todos os ecossistemas, pois cresce unicamente no nordeste do país. Apesar da aridez, essa floresta baixa, que durante boa parte do ano tem aparência seca e desolada, abriga uma fauna de aves rica e adaptada ao rigor climático, com vários endemismos interessantes.

Já o Pantanal quase não tem espécies exclusivas, uma vez que não se trata de um ecossistema à parte, mas de um complexo formado pela mistura da fauna e da flora dos outros ecossistemas brasileiros. Esse complexo pantaneiro, porém, é especial e único, pois em nenhuma outra região do país é tão fácil ver tantas espécies de aves tão espetaculares. Não é por acaso que o Pantanal atrai tanta gente apaixonada pela natureza, do Brasil e do exterior.

Além dessas formações vegetais, muitas outras ainda ajudam a compor o diversificado cenário para nossas aves, como os campos sulinos, a floresta de araucária, os manguezais e restingas, as ilhas oceânicas, os campos de altitude e os banhados. Assim, o Brasil deve sua grande diversidade em aves à sua não menos extraordinária riqueza paisagística.

Tanto nossa avifauna quanto nossas paisagens, porém, enfrentam grandes ameaças. A destruição ambiental afeta não só as florestas, mas também outros ecossistemas. Caatinga, cerrados e campos dão lugar à agropecuária. A urbanização avança sobre os ambientes costeiros. Rios e banhados recebem a poluição doméstica e industrial. Até os ambientes criados pelo ser humano são afetados por queimadas, poluição e implantação de rodovias, que criam barreiras à circulação dos animais. As agressões aos ambientes resultam na redução no número de espécies e de indivíduos. Para agravar a situação, muitas aves são perseguidas por passarinheiros e traficantes de animais, estimulados por um mercado ávido por bichos de estimação "exóticos", que existe tanto no Brasil como no exterior. Sem falar na caça, praticada sob várias justificativas – esporte, alimento, proteção da criação, superstição...

Há muito a ser feito para garantir a preservação de nossas aves, por cada um de nós. Não se deve comprar animais silvestres, a menos que sua origem seja legal e autorizada pelo IBAMA. Em caso de construções residenciais, por maior que seja o desejo de viver em contato com a natureza, deve-se evitar a compra de lotes em regiões florestadas ou recém-desmatadas. Ao invés disso, o melhor é criar uma nova floresta: reflorestar com plantas nativas as áreas de preservação permanente da propriedade. Artesanato com plumas de aves silvestres ou de madeiras ameaçadas de extinção deve ser desestimulado. E é sempre bom visitar e valorizar nossos parques nacionais e outras unidades de conservação, museus e instituições de pesquisa.

Acima de tudo, é preciso estimular nas crianças a curiosidade, o interesse e o carinho por nossa natureza. O caminho mais eficiente para a preservação ambiental passa pelo respeito e pelo amor, e a melhor forma de proteger nossas aves, em toda sua beleza e diversidade, é cuidar dos lugares onde elas vivem.

Introduction

With nearly 1,000 species, Brazil is third in the world in varieties of birds, after Colombia and Peru.

Brazilian birdlife is not only abundant, but includes a number of endemics, that is, species which are not found in other countries. The geographic distribution of almost 200 species of birds is restricted to Brazil. This fact implies great responsibility, because it means that survival depends on a joint effort by Brazilian society and government to preserve our natural heritage.

A good share of Brazil's ornithological wealth is due to the presence of two large vegetation formations: the Amazon forest and the Atlantic rain forest.

The Amazon forest, which is the biggest forested region on the planet, has existed for millions of years, and its long evolutionary history resulted in a highly complex ecological environment. Due to its tropical climate, its tremendous size and the diversity of environments that form it, the forest has an incredible wealth of resources and niches to be explored, and it is able to offer shelter to an immense variety of birds. No other place in the world has as many species, many of which have unique and fascinating colors, shapes and behaviors.

The Atlantic rain forest also has a wealth of birdlife, comprising one of the world's regions with the greatest biodiversity and greatest degree of endemism. In the past, it stretched between the States of Rio Grande do Norte and Rio Grande do Sul. But urbanization and farming have not spared it, and not much remains of the great coastal forest. Only between the States of Rio de Janeiro and Santa Catarina are there sections of Atlantic rain forest that still hark back to the former greatness of this ecosystem.

The other Brazilian natural domains may not shelter as many birds as these two forests, but there is abundant fauna, compared with most of the regions in the rest of the world.

The bush lands are found typically in central Brazil and consist of a large variety of settings, from the savannas – natural prairies, to the wastelands – low, dense growths. On the banks of the rivers there are typical vegetation formations called mata-galeria *and the burity palm groves. With a similar abundance of different environments, it is only natural that the bush lands be inhabited by a large number of birds, including several species not found in other ecosystems.*

The caatinga *is, perhaps, the most Brazilian of all of the ecosystems, because it grows only in the northeast of the nation. Despite its arid conditions, this brush land area, that for most of the year appears to be dry and desolate, shelters a wealth of bird fauna which is adapted to the rigorous climate, with several interesting endemisms.*

In the Pantanal, there are practically no exclusive species, since this is not a separate ecosystem but, rather, a complex blend of flora and fauna from other Brazilian ecosystems. This wetlands area, however, is special and unique, because there is no other region in the country where it is so easy to see so many species of such spectacular birds. It's no fluke that the Pantanal draws so many Nature lovers from Brazil and abroad.

Besides these types of vegetation, many others round out the diverse scenario for our birds, like the southern grasslands, araucária *(Brazilian pine) forests, mangroves and sandbanks, ocean islands, high mountain grasslands and marshes. Thus, Brazil owes its great diversity of birds to its no less extraordinary scenic wealth.*

Both our birdlife and our countryside, however, are highly threatened. Environmental destruction affects not only the forests, but also the other ecosystems. Caatinga, *bush lands and grasslands give way to farming. Urbanization spreads along coastal areas. Rivers and marshes get domestic and industrial pollutants. Even the environments created by humans are affected by slashing and burning, pollution and highway building, the latter creating barriers to animal circulation. Environmental encroachments result in reduced numbers of species, as well as less members of those species. The situation is aggravated by bird hunters and animal poachers who are encouraged by an avid market for "exotic" pets, both inside and outside of Brazil. Not to mention hunting, which is justified as a sport, the need for food, protecting private herds or related to superstitions.*

Much can be done by each one of us to guarantee the preservation of our birds. We must not buy wild animals, unless their origins are legal and authorized by IBAMA (Brazilian Environmental Institute). As for home construction, no matter how much you want to live close to Nature, avoid buying lots in forested or recently cleared areas. Rather, the best thing is to create a new forest: plant the property's standing preservation areas with species native to the region. Arts and crafts using wild bird feathers or wood threatened with extinction must be discouraged. And it's always good to visit and give value to our national parks and other conservation areas, museums and research institutes.

Above all, children must be taught to be curious about and interested in our natural resources in order to treat them with special care. The most effective road to environmental preservation is paved with respect and love, and the best way to protect our birds, in all their beauty and diversity, is to care for the areas in which they live.

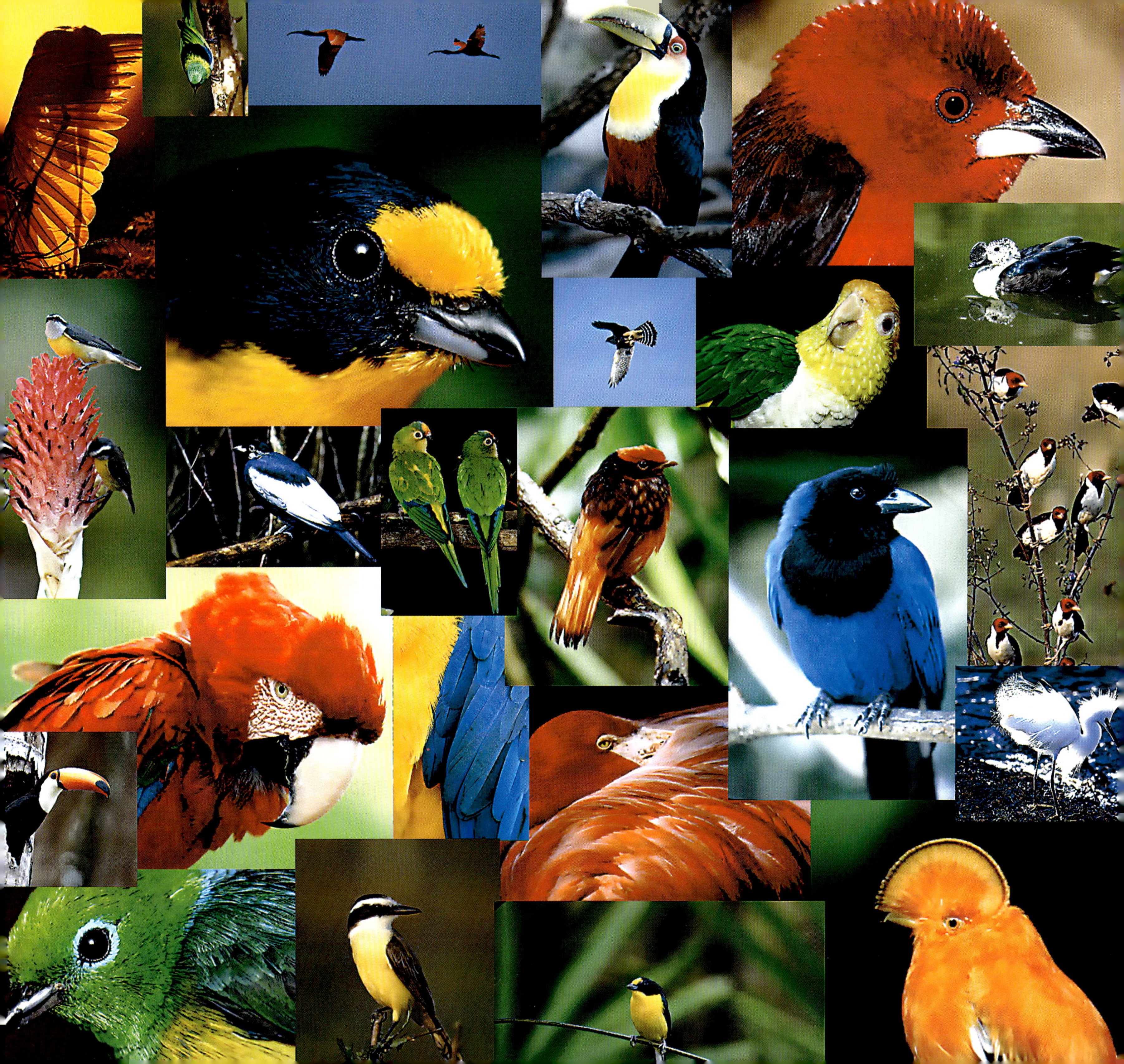

maravilhas do Brasil

wonders of Brazil

Papagaio-verdadeiro
(Amazona aestiva)
Blue-fronted Amazon

Os pés dos psitacídeos, como o papagaio-verdadeiro, têm dois dedos voltados para a frente e dois para trás, e facilitam o movimento lateral ao longo dos galhos.

The feet of the psittacidae, like the blue-fronted amazon, have two toes facing forward and two backward, facilitating lateral movement along branches.

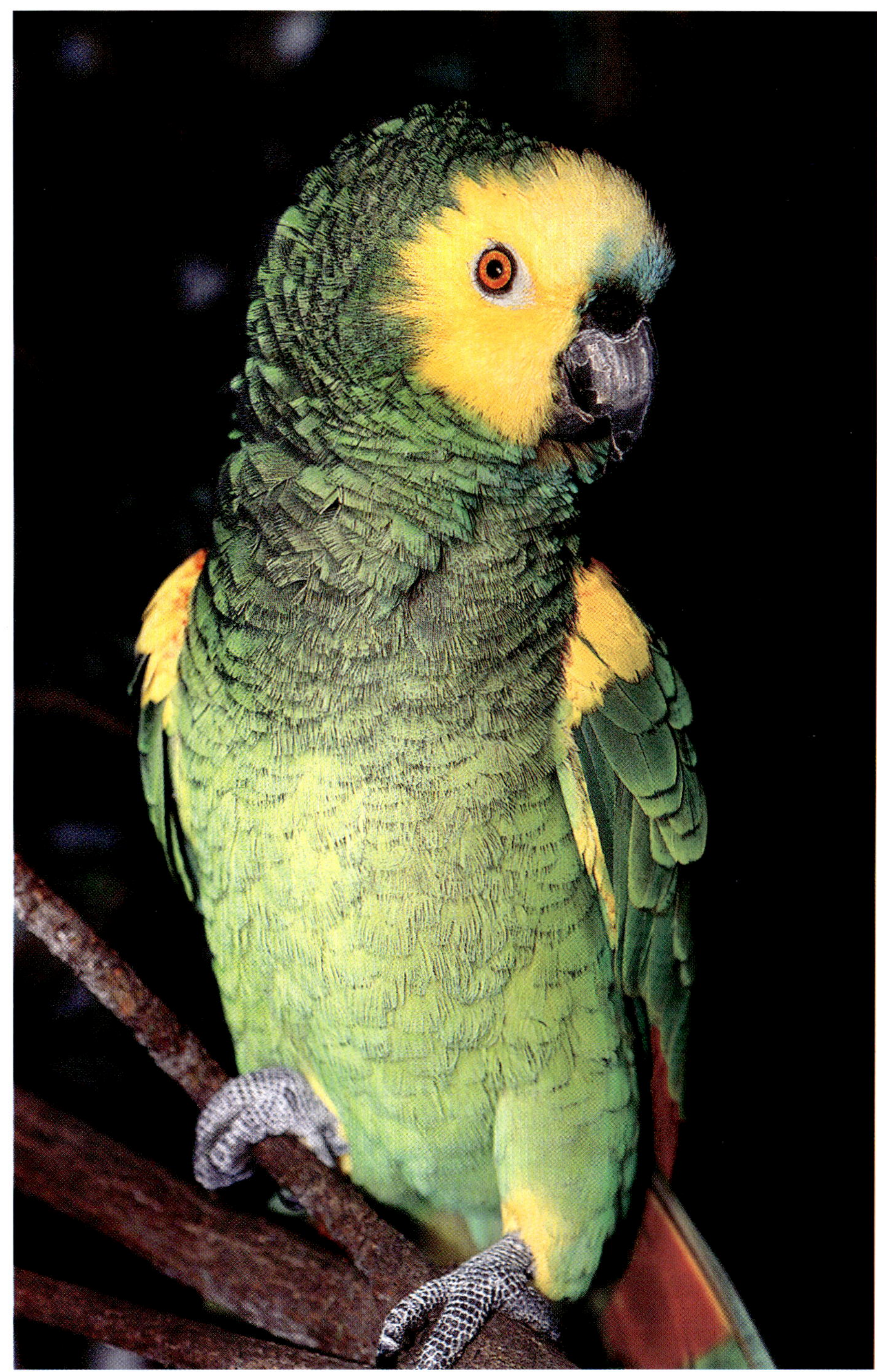

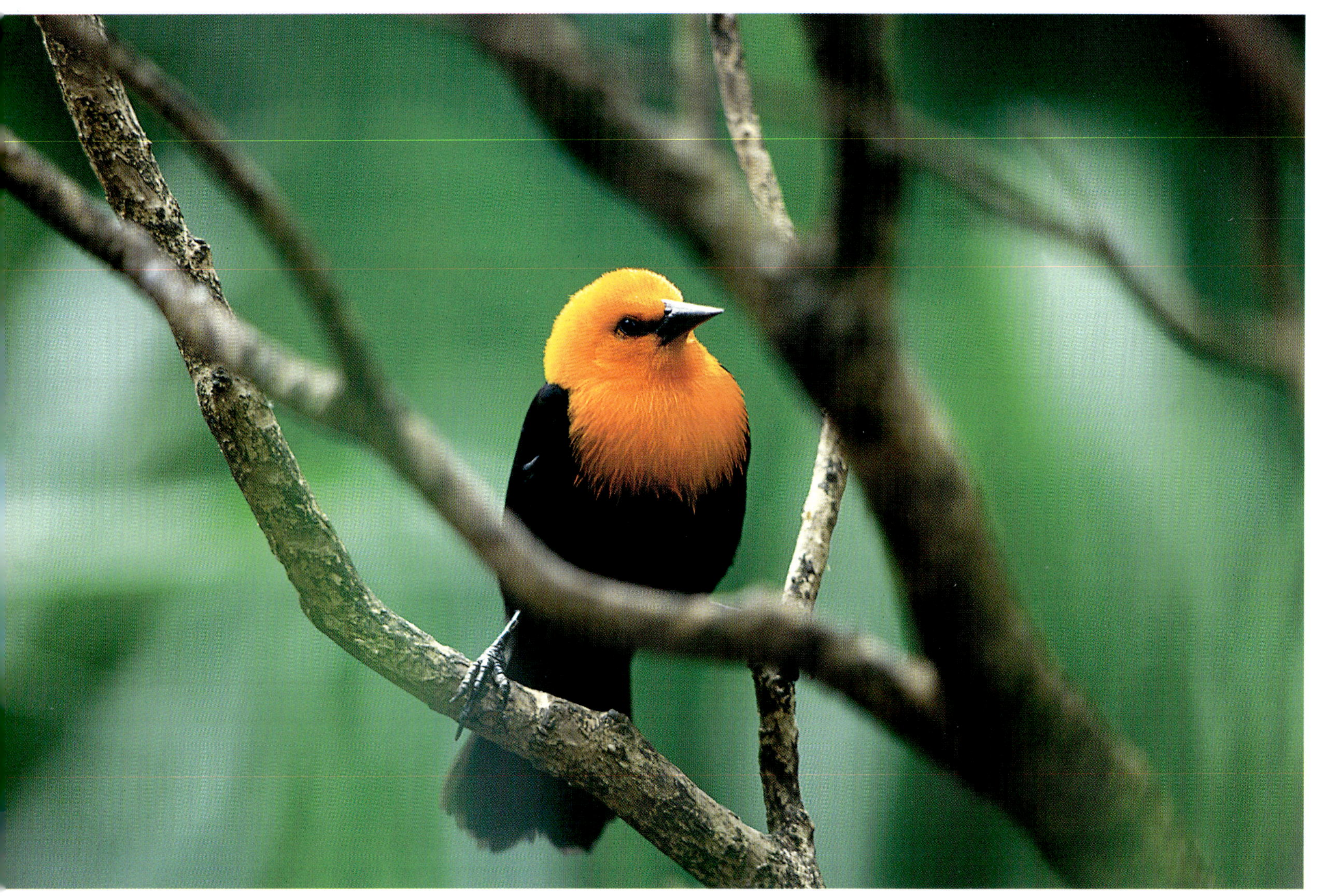

Cardeal-do-banhado
(Amblyramphus holosericeus)
Scarlet-headed Blackbird

O cardeal-do-banhado vive em brejos, taboais e juncais. Pode ser visto quando se empoleira para cantar, em ramos e varetas expostos.

The scarlet-headed blackbird lives in wetlands, bamboo thickets, and among sedges and rushes. It can be seen when it alights on branches and exposed sticks to sing.

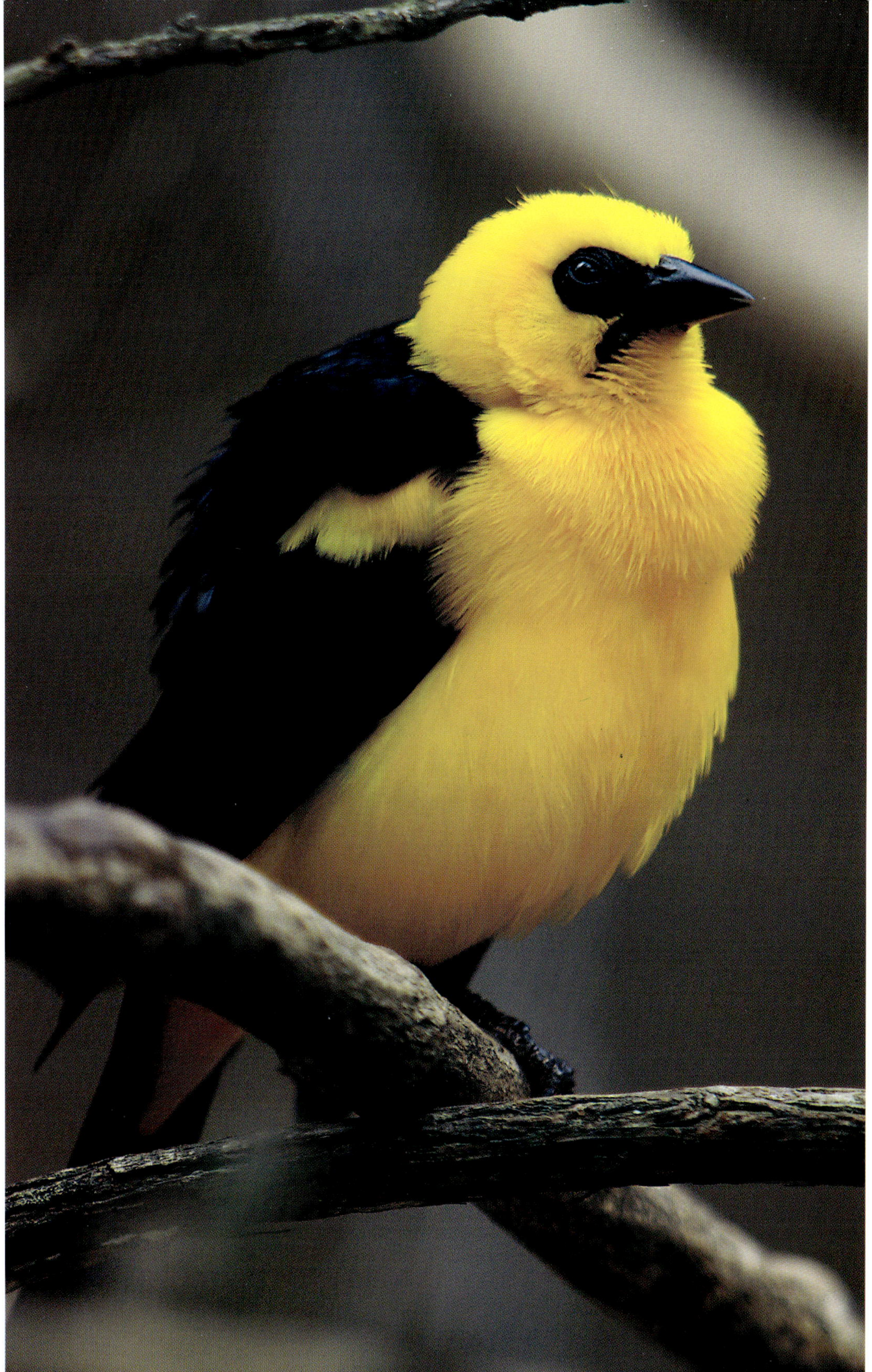

Iratauá-grande
(Gymnomystax mexicanus)
Oriole Blackbird

O vistoso iratauá-grande vive ao longo do vale do rio Amazonas, em casais ou pequenos bandos. Habita campos úmidos, brejos e matas galerias.

The eye-catching oriole blackbird lives along the valley of the Amazon River, in pairs or small flocks. It inhabits wetlands, swamps and riverside vegetation.

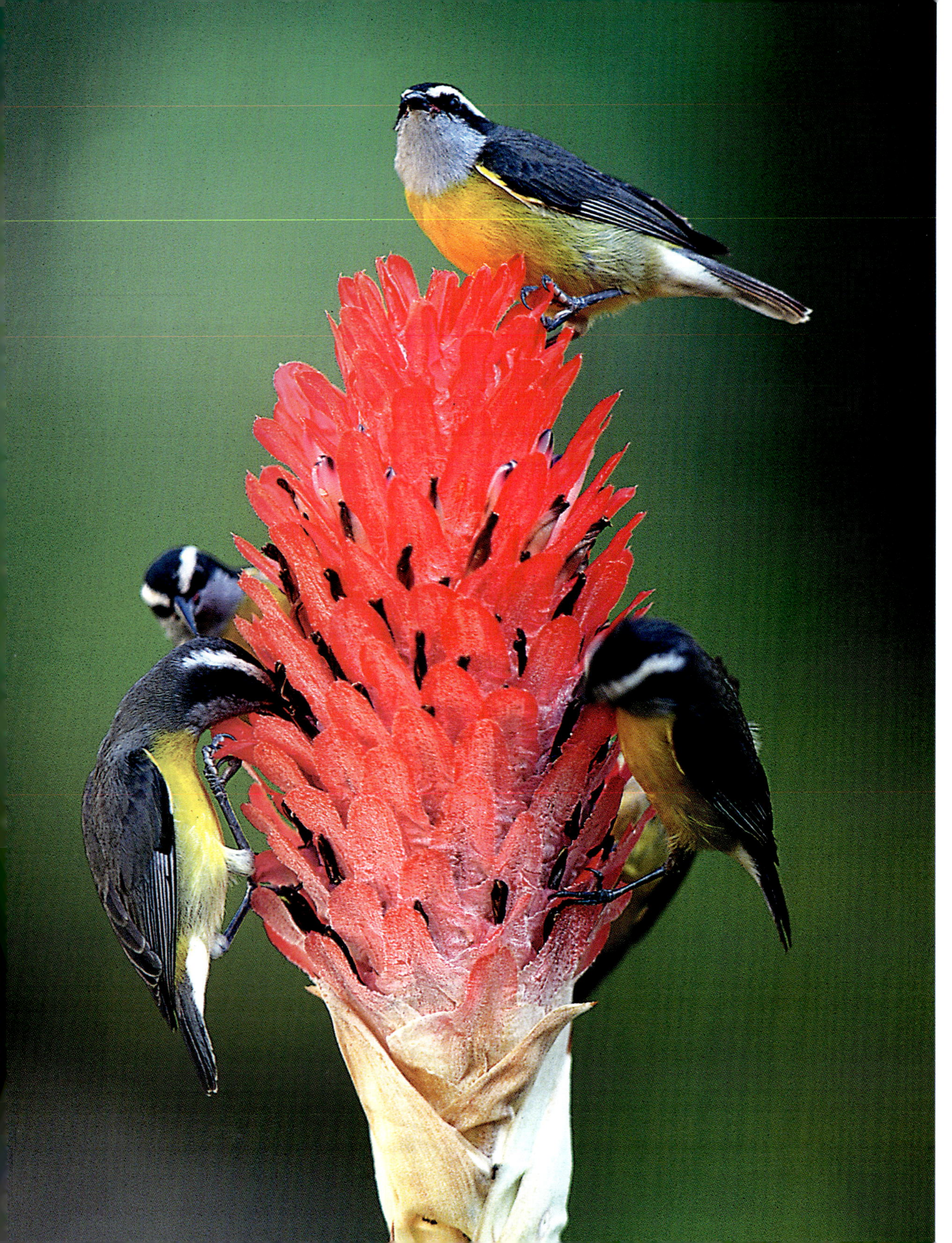

Cambacica
(Coereba flaveola)
Bananaquit

O bico fino da cambacica permite que ela alcance o néctar no fundo das flores, como a desta bromélia. É um pássaro comum em jardins por todo o Brasil.

The thin beak of the bananaquit allows it to reach the nectar deep inside flowers, like this bromeliad. It is a common bird in gardens and yards all over Brazil.

Garça-branca-grande
(Casmerodius albus)
Great Egret

De hábito solitário, a garça-branca-grande fica pousada à beira d'água, imóvel, esperando por suas presas, como peixes, anfíbios, insetos e até serpentes.

With its solitary habits, the great egret stands, motionless, at the edge of the water, waiting for its prey, like fish, amphibians, insects and even snakes.

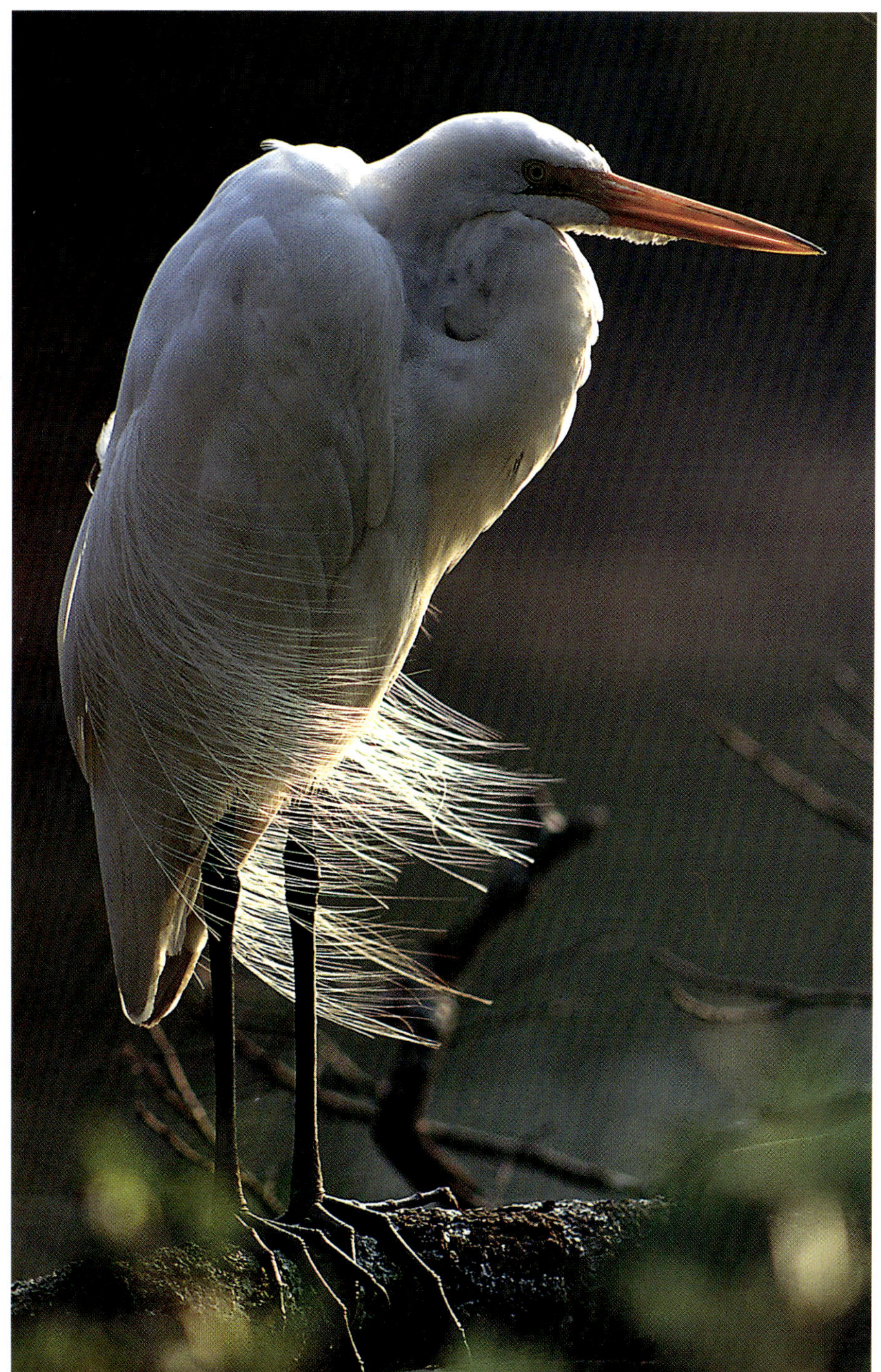

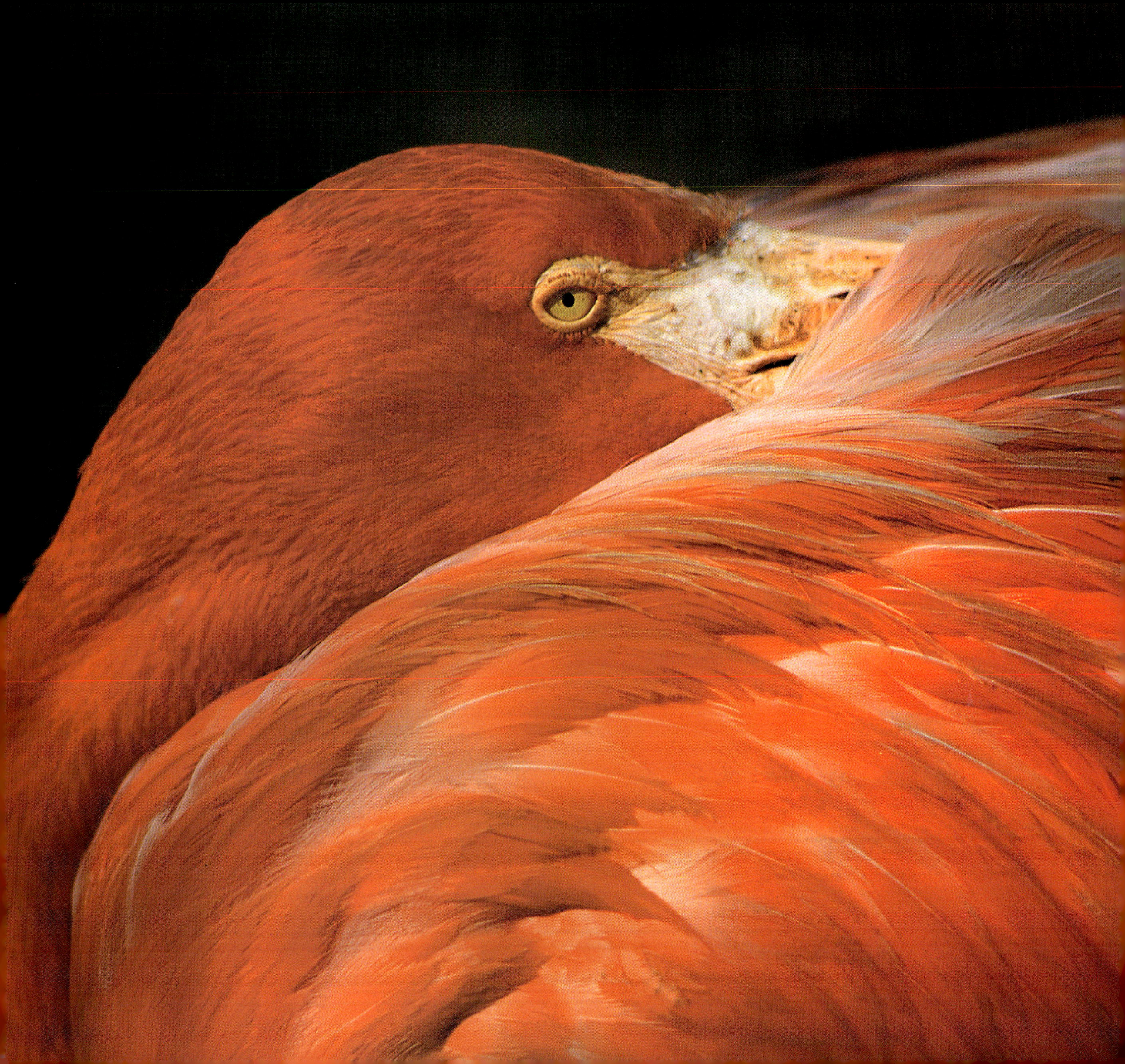

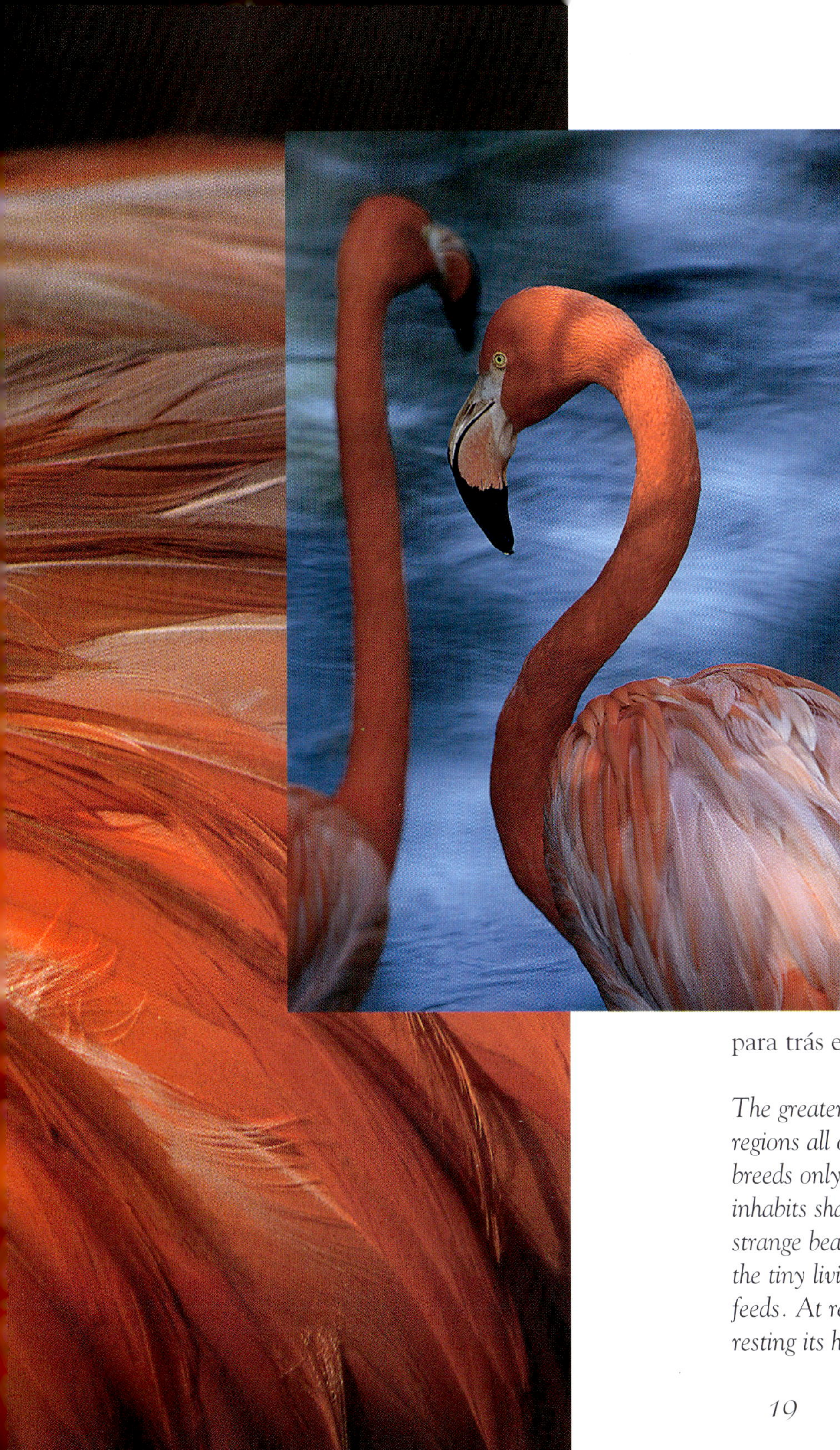

Flamingo
(Phoenicopterus ruber)
Greater Flamingo

O flamingo-grande existe em regiões tropicais ao redor do mundo. No Brasil, reproduz-se só no Amapá, onde habita as lagoas rasas costeiras. Usa o estranho bico para filtrar a água e extrair os bichinhos e algas de que se alimenta. Ao descansar, vira o pescoço para trás e apóia a cabeça nas costas.

The greater flamingo exists in tropical regions all over the world. In Brazil, it breeds only in the State of Amapá, where it inhabits shallow coastal lagoons. It uses its strange beak to filter the water and extract the tiny living things and algae on which it feeds. At rest, it turns its neck backwards, resting its head on its back.

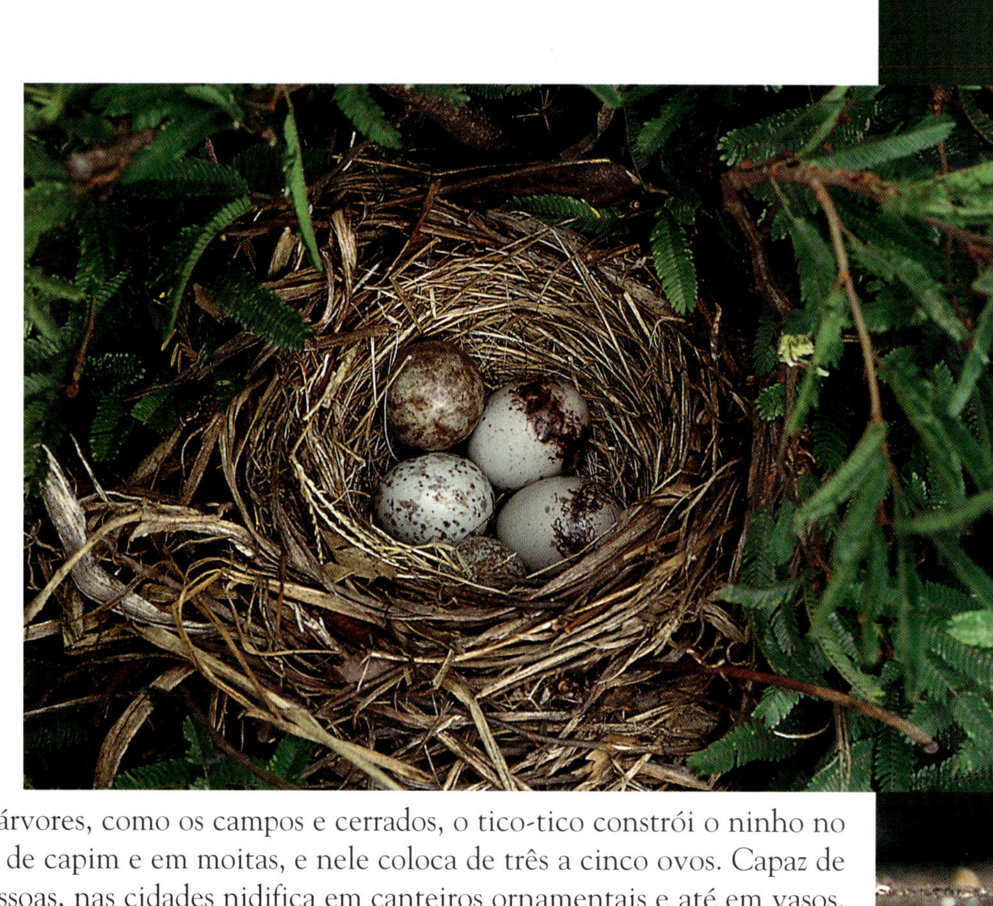

Tico-tico
(Zonotrichia capensis)
Rufous-collared Sparrow

Habitante original de ambientes com poucas árvores, como os campos e cerrados, o tico-tico constrói o ninho no chão, em touceiras de capim e em moitas, e nele coloca de três a cinco ovos. Capaz de conviver com as pessoas, nas cidades nidifica em canteiros ornamentais e até em vasos.

Originally an inhabitant of environments with few trees, like fields and bush lands, the rufous-collared sparrow builds its nest on the ground, in clumps of grass and in thickets, where it lays clutches of three to five eggs. It can survive around humans and in cities it makes nests in ornamental gardens and even in vases.

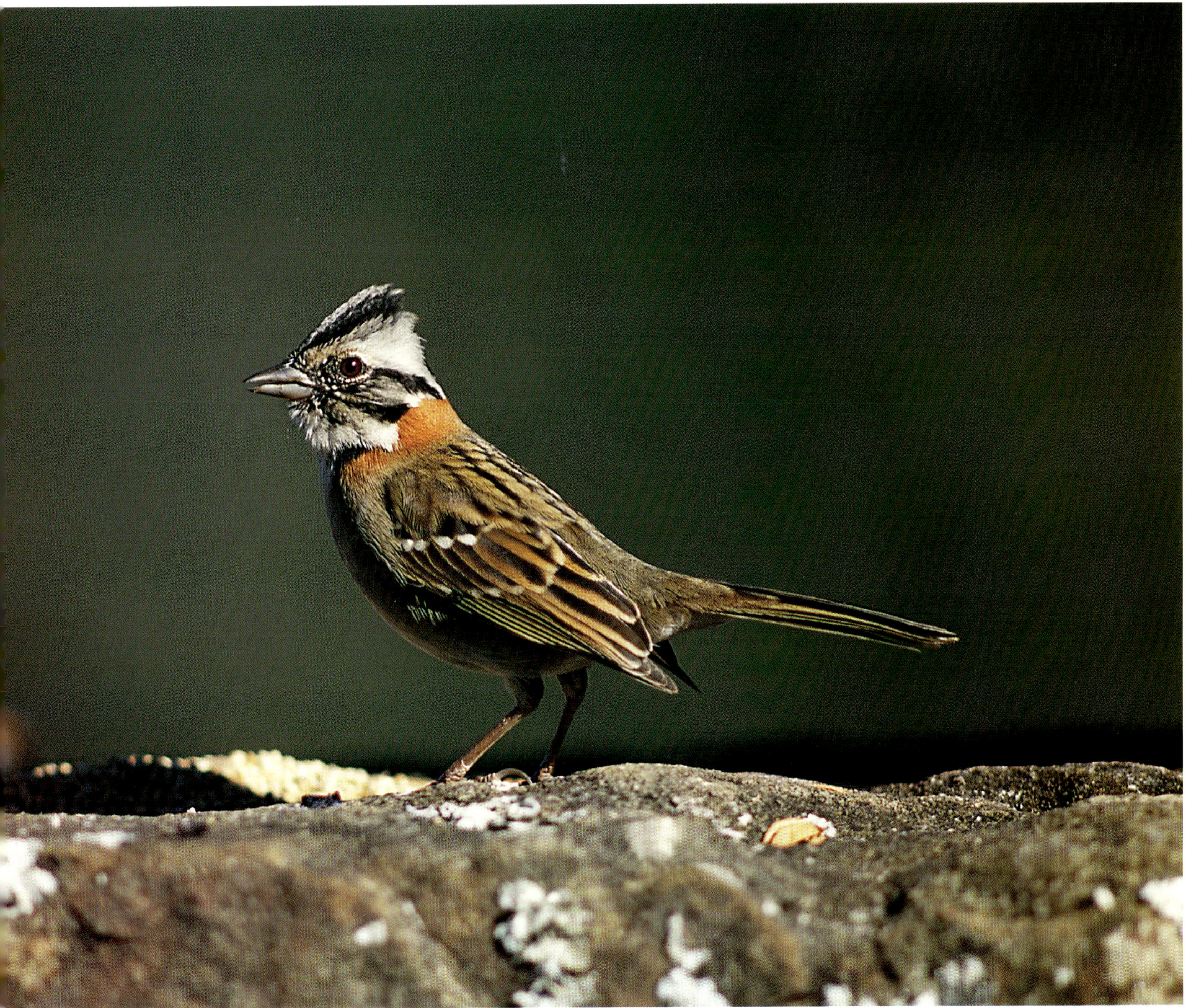

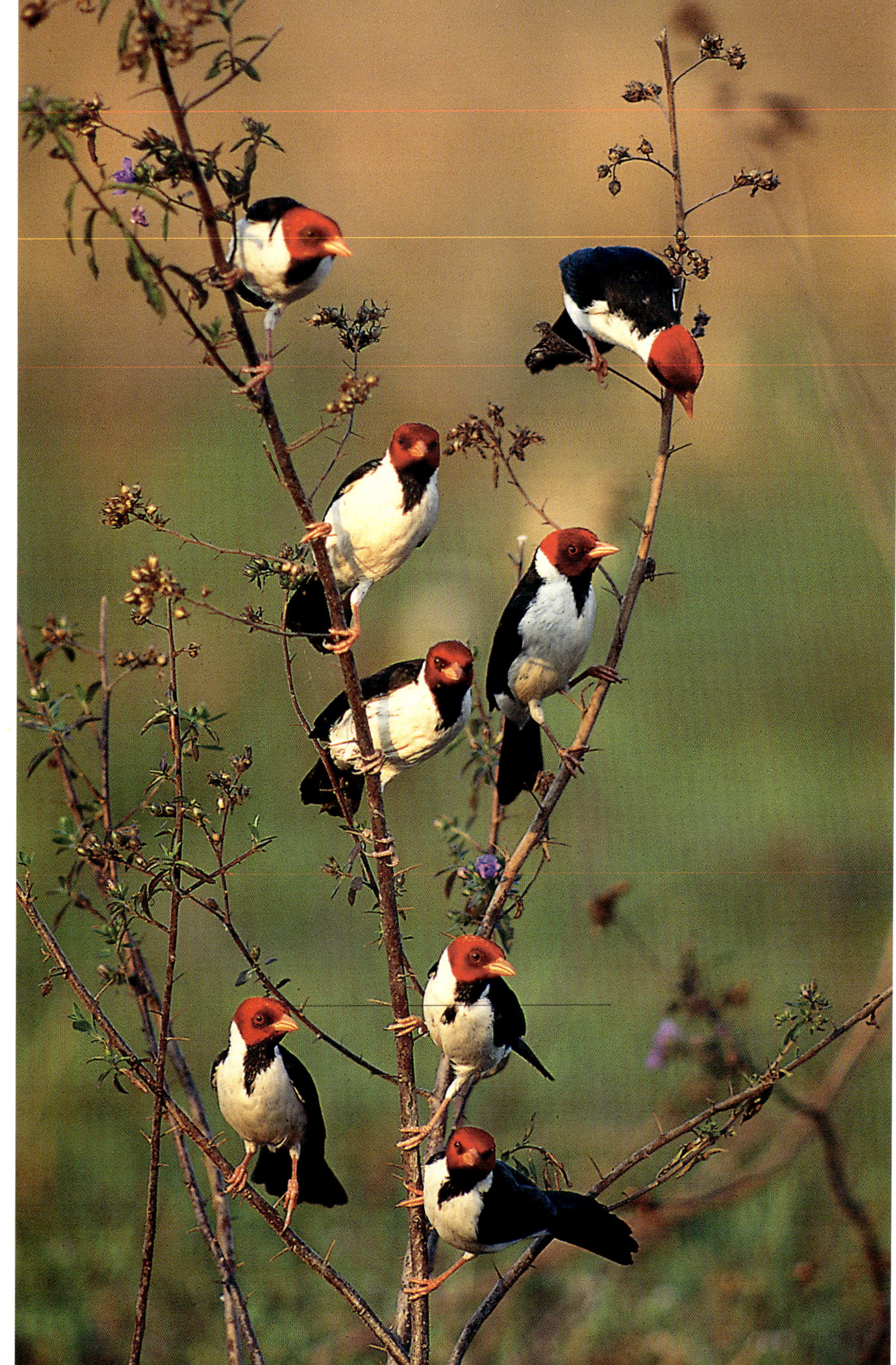

Cavalaria
(Paroaria capitata)
Yellow-billed Cardinal

O nome popular da cavalaria vem de seu hábito de viver em grandes bandos. É abundante em campos úmidos, brejos e na beira de rios do Pantanal.

Its popular name in Portuguese (cavalry) comes from living in large flocks. It is abundant in humid fields, swamps and on the banks of rivers in the Pantanal.

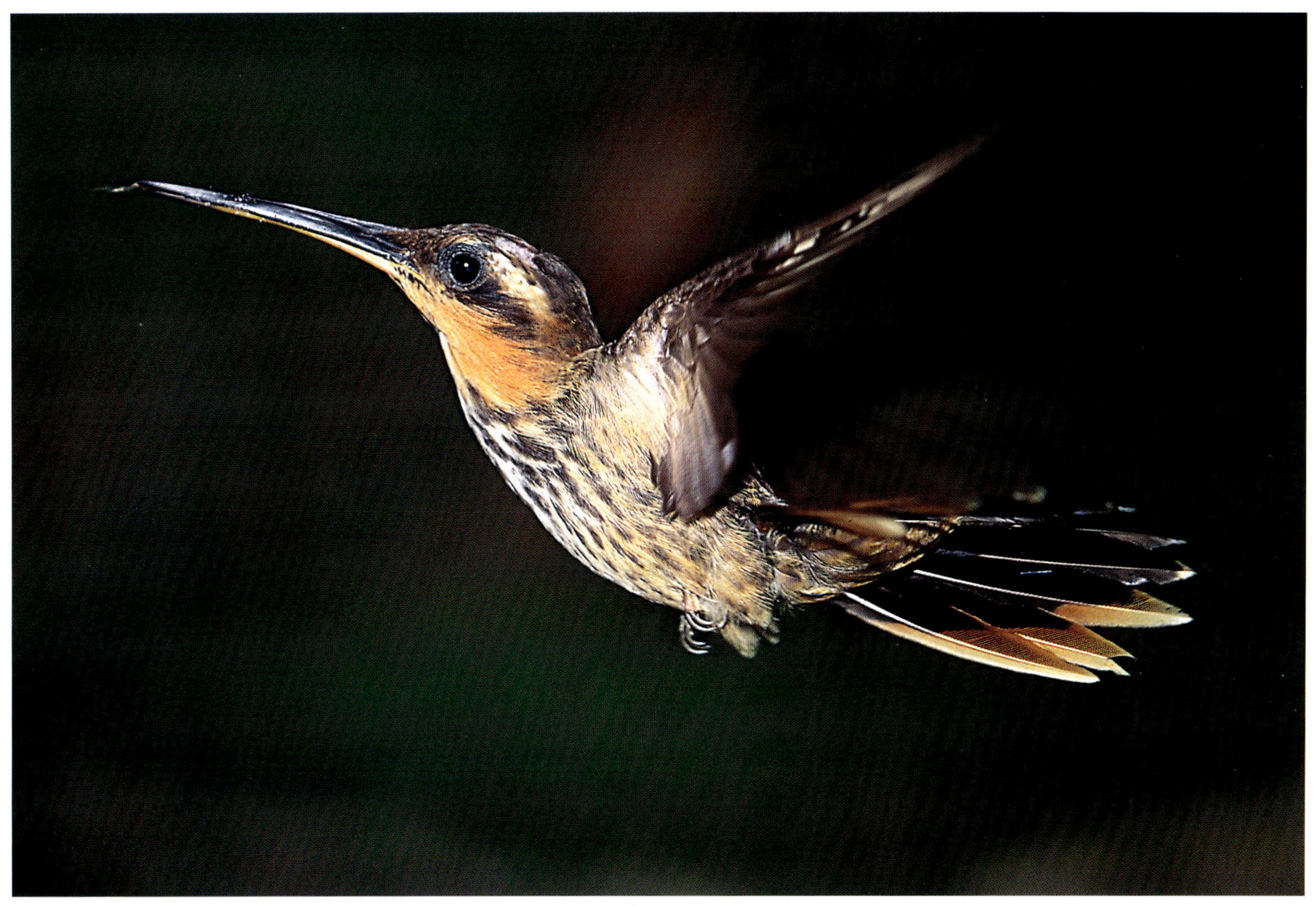

Beija-flor-grande-do-mato
(Ramphodon naevius)
Saw-billed Hermit

Existem cerca de 80 espécies de beija-flores no Brasil. Algumas, como o beija-flor-grande-do-mato, são endêmicas, isto é, não ocorrem em outros países.

There are 80 species of hummingbirds in Brazil. Some, like the saw-billed hermit, are endemic, that is, they are not found in other countries.

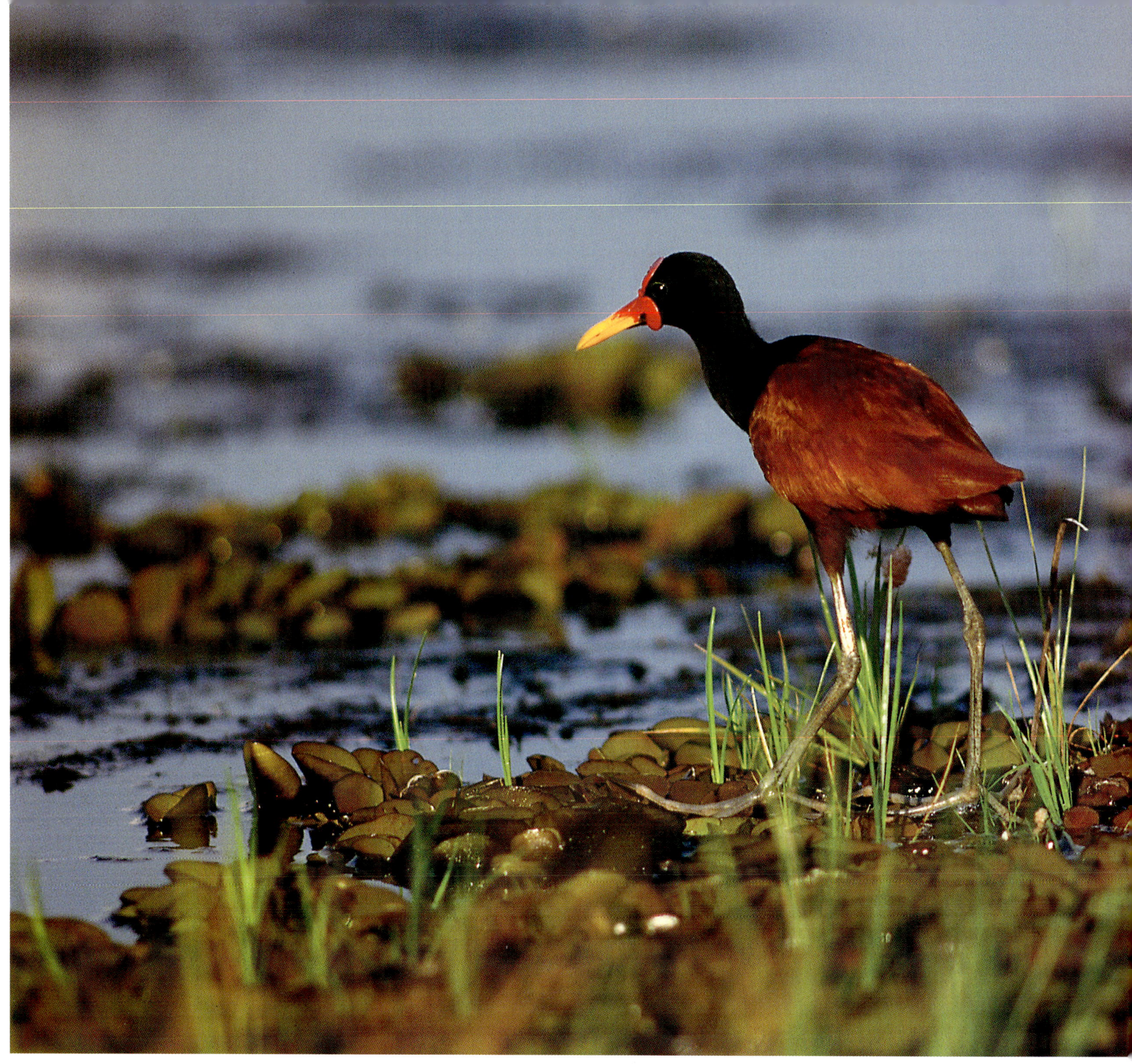

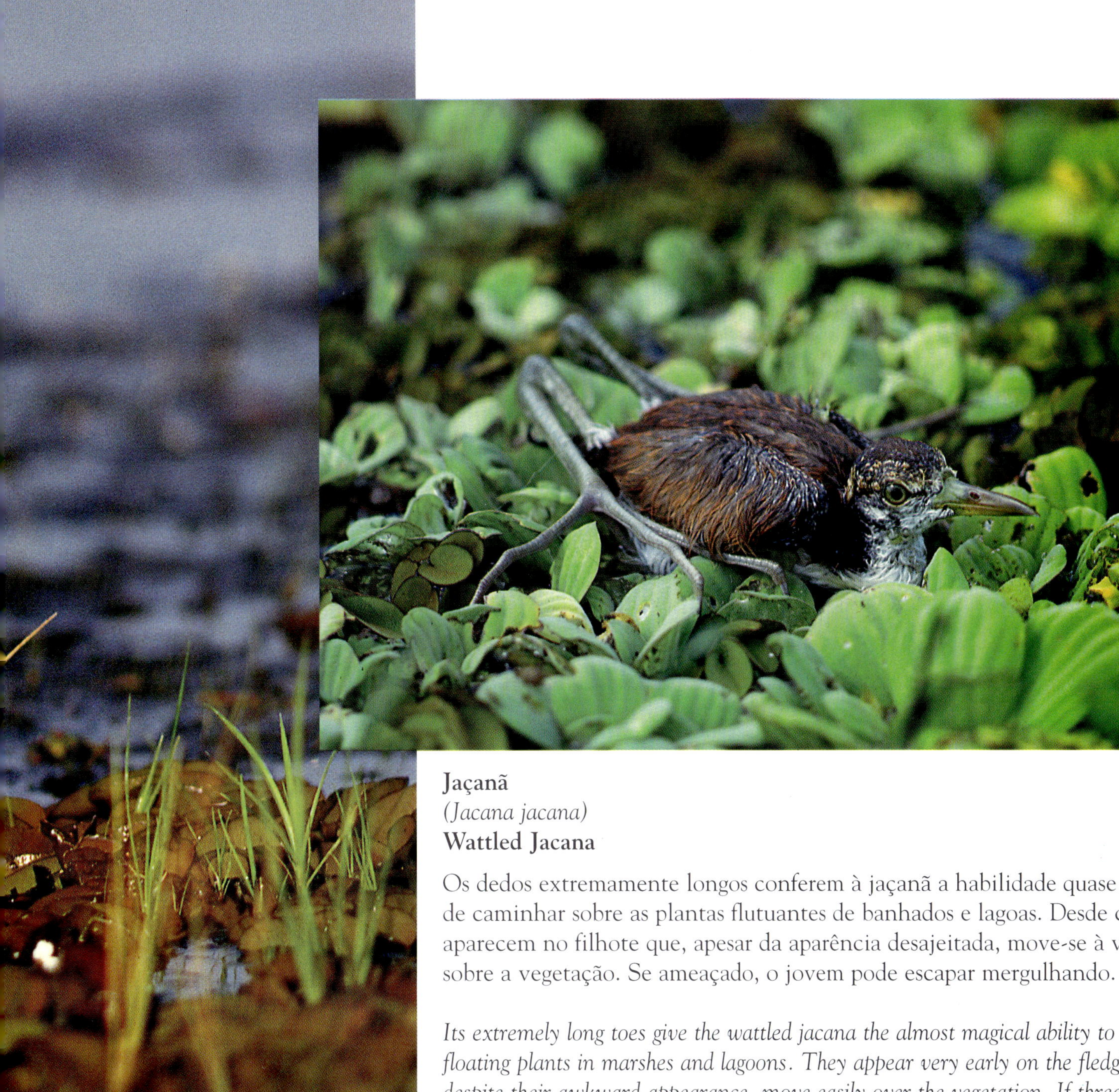

Jaçanã
(Jacana jacana)
Wattled Jacana

Os dedos extremamente longos conferem à jaçanã a habilidade quase mágica de caminhar sobre as plantas flutuantes de banhados e lagoas. Desde cedo já aparecem no filhote que, apesar da aparência desajeitada, move-se à vontade sobre a vegetação. Se ameaçado, o jovem pode escapar mergulhando.

Its extremely long toes give the wattled jacana the almost magical ability to walk on floating plants in marshes and lagoons. They appear very early on the fledglings who, despite their awkward appearance, move easily over the vegetation. If threatened, the young can escape by diving under the water.

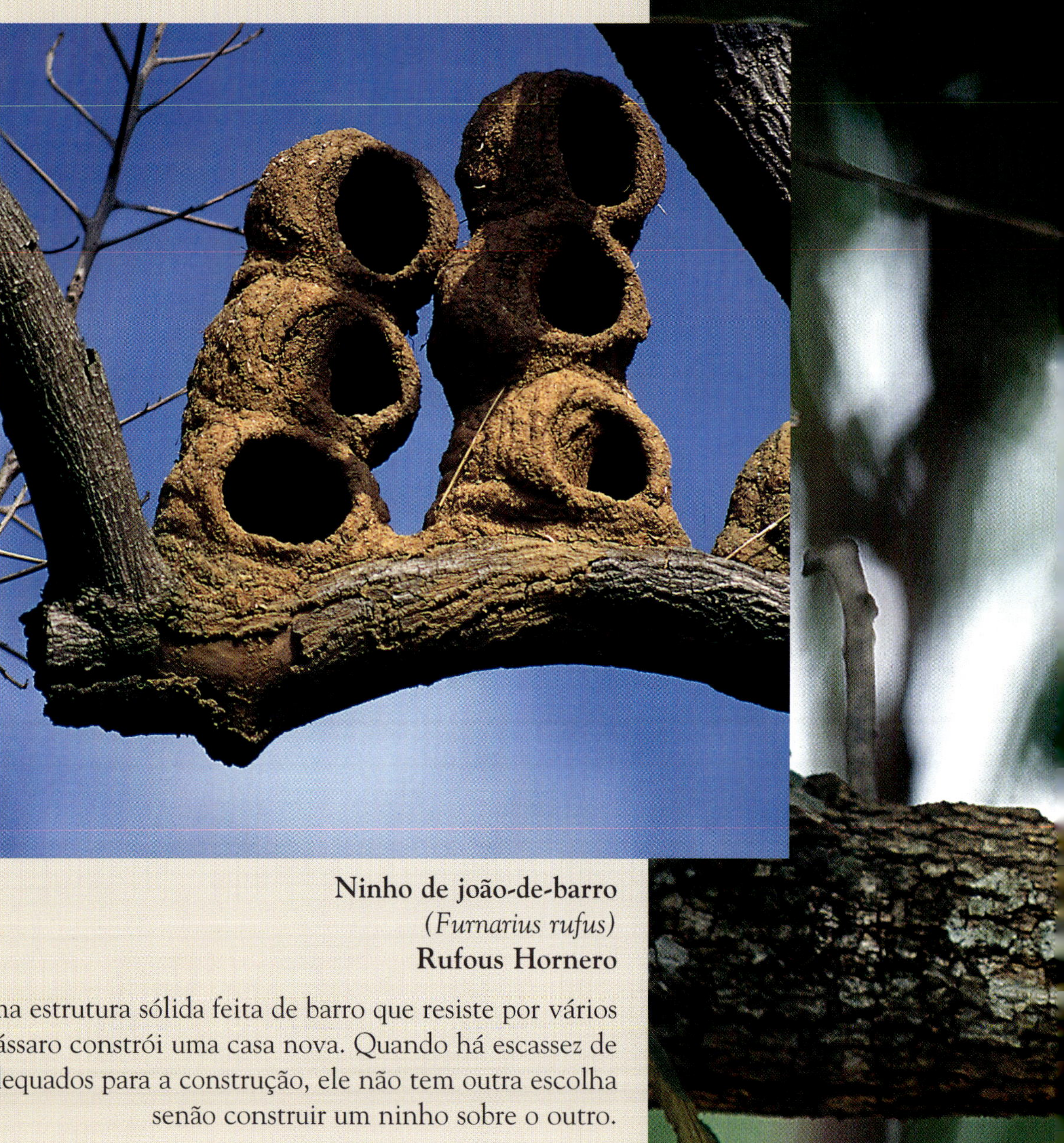

Ninho de joão-de-barro
(Furnarius rufus)
Rufous Hornero

O ninho do joão-de-barro é uma estrutura sólida feita de barro que resiste por vários anos. Todo ano, porém, o pássaro constrói uma casa nova. Quando há escassez de lugares adequados para a construção, ele não tem outra escolha senão construir um ninho sobre o outro.

The nest of the rufous hornero is a solid structure made of clay that lasts for several years. However, the bird builds a new home every year. When there is a lack of adequate places to build, it has no choice but to build a new home on top of another.

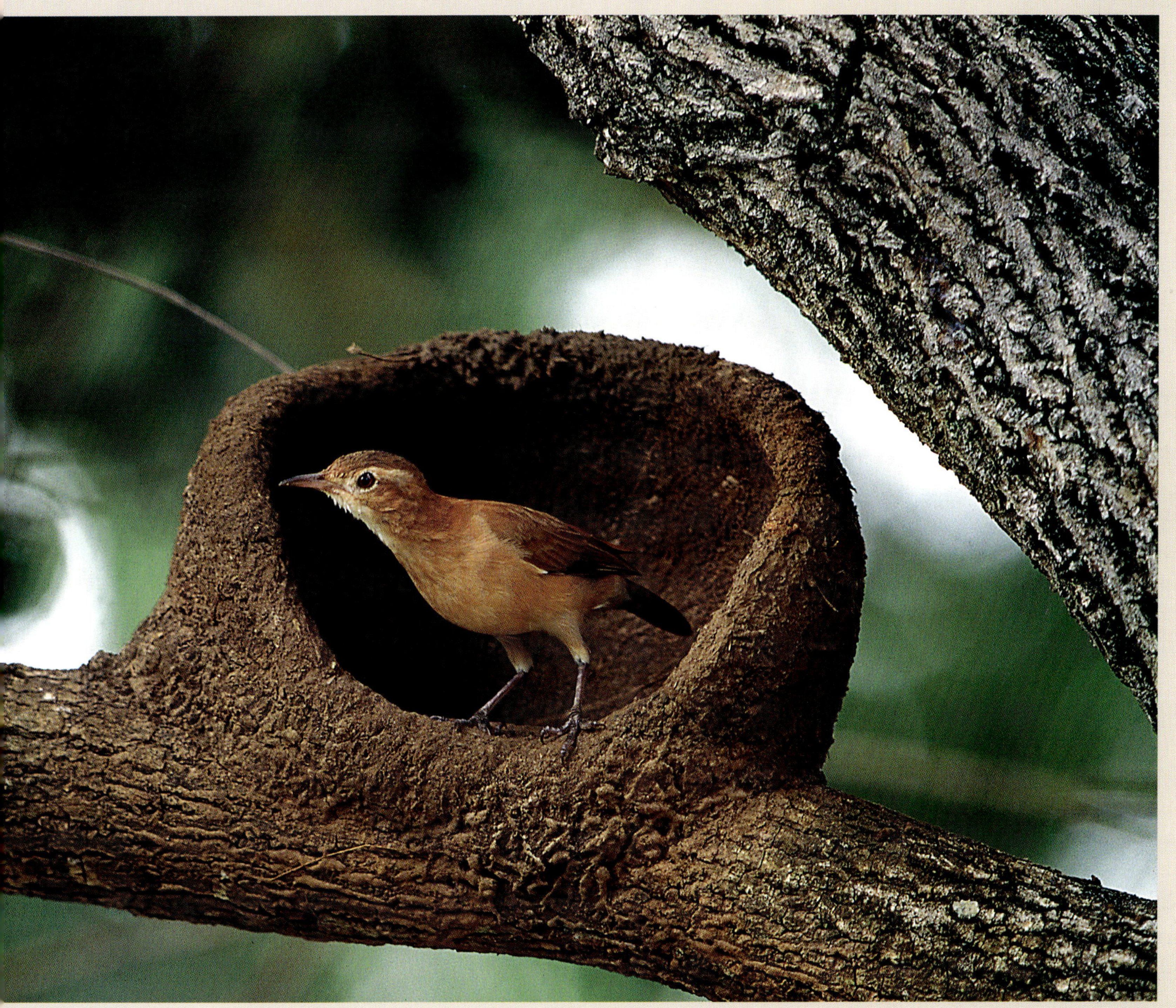

Bem-te-vi
(Pitangus sulphuratus)
Kiskadee

Por sua grande flexibilidade comportamental, o bem-te-vi consegue se estabelecer em qualquer ambiente. É uma das aves mais comuns nas cidades brasileiras.

Because of its great behavioral flexibility, the great kiskadee is able to adapt to any environment. It is one of the most common birds in Brazilian cities.

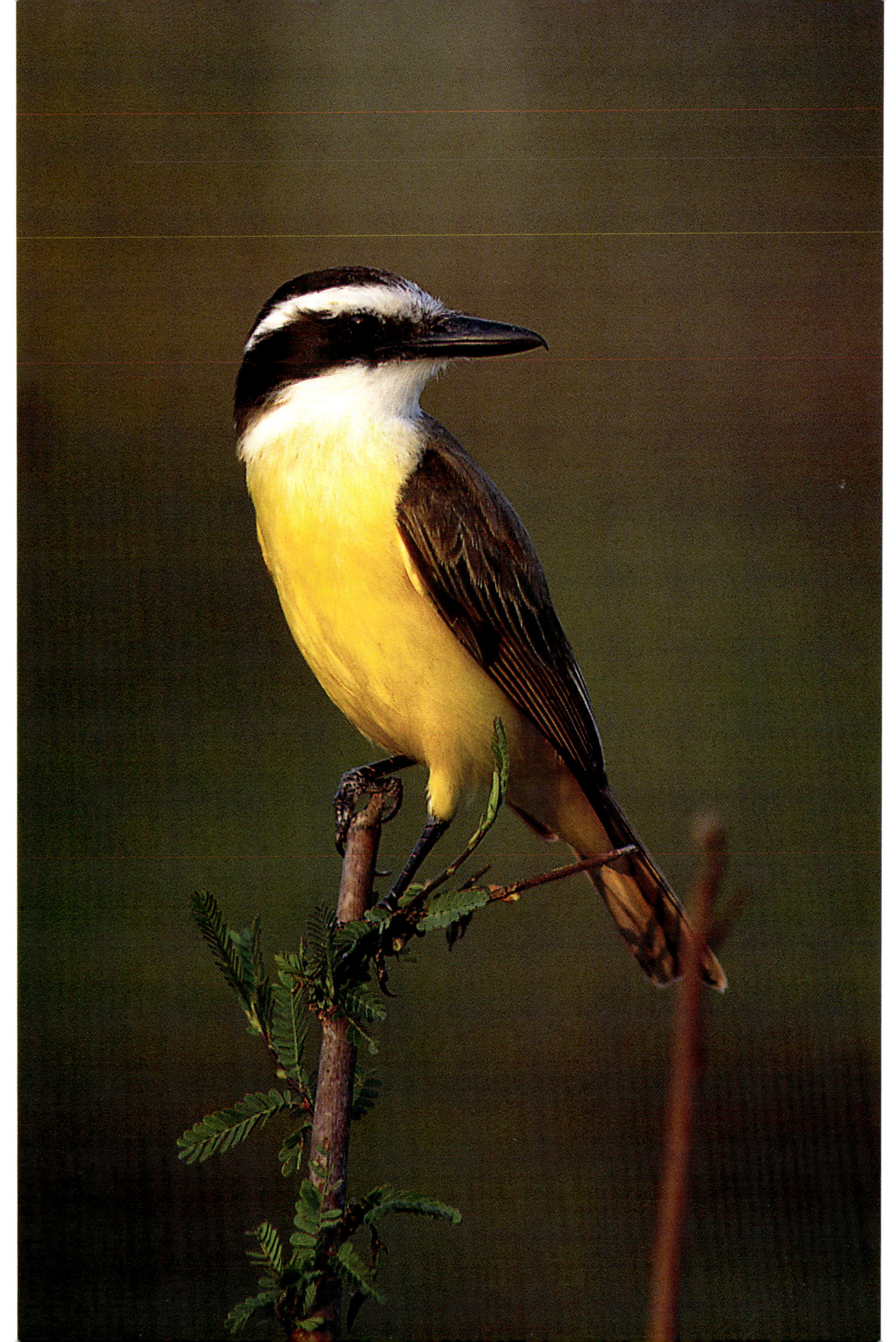

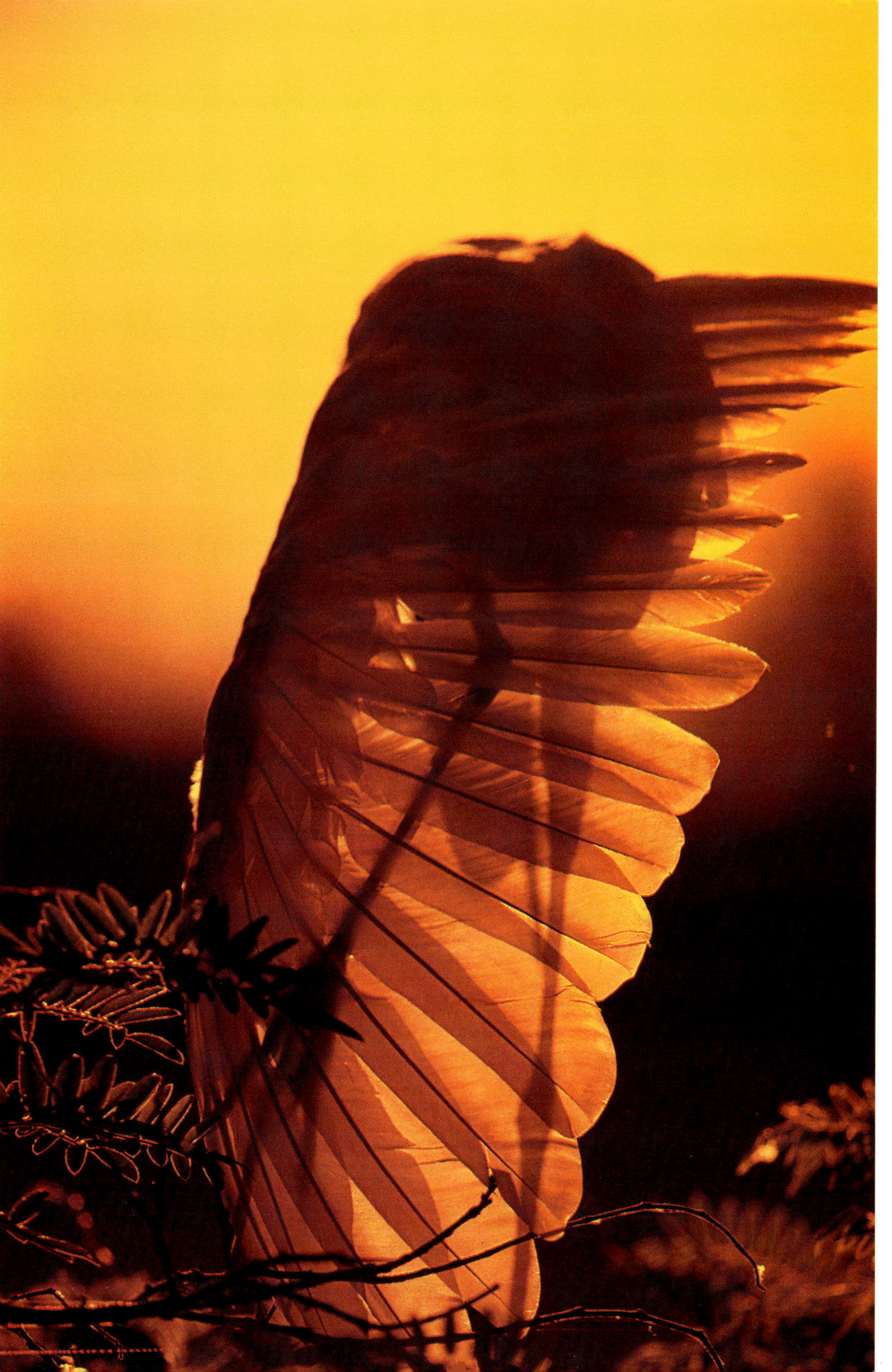

Garça-branca-grande
(Casmerodius albus)
Great Egret

Uma garça-branca-grande aproveita um momento de tranqüilidade para cuidar das penas da asa. Manter impecável a plumagem é vital para a sobrevivência das aves.

A great egret takes advantage of a quiet moment to preen its wing feathers. Careful upkeep of its plumage is important to the survival of the birds.

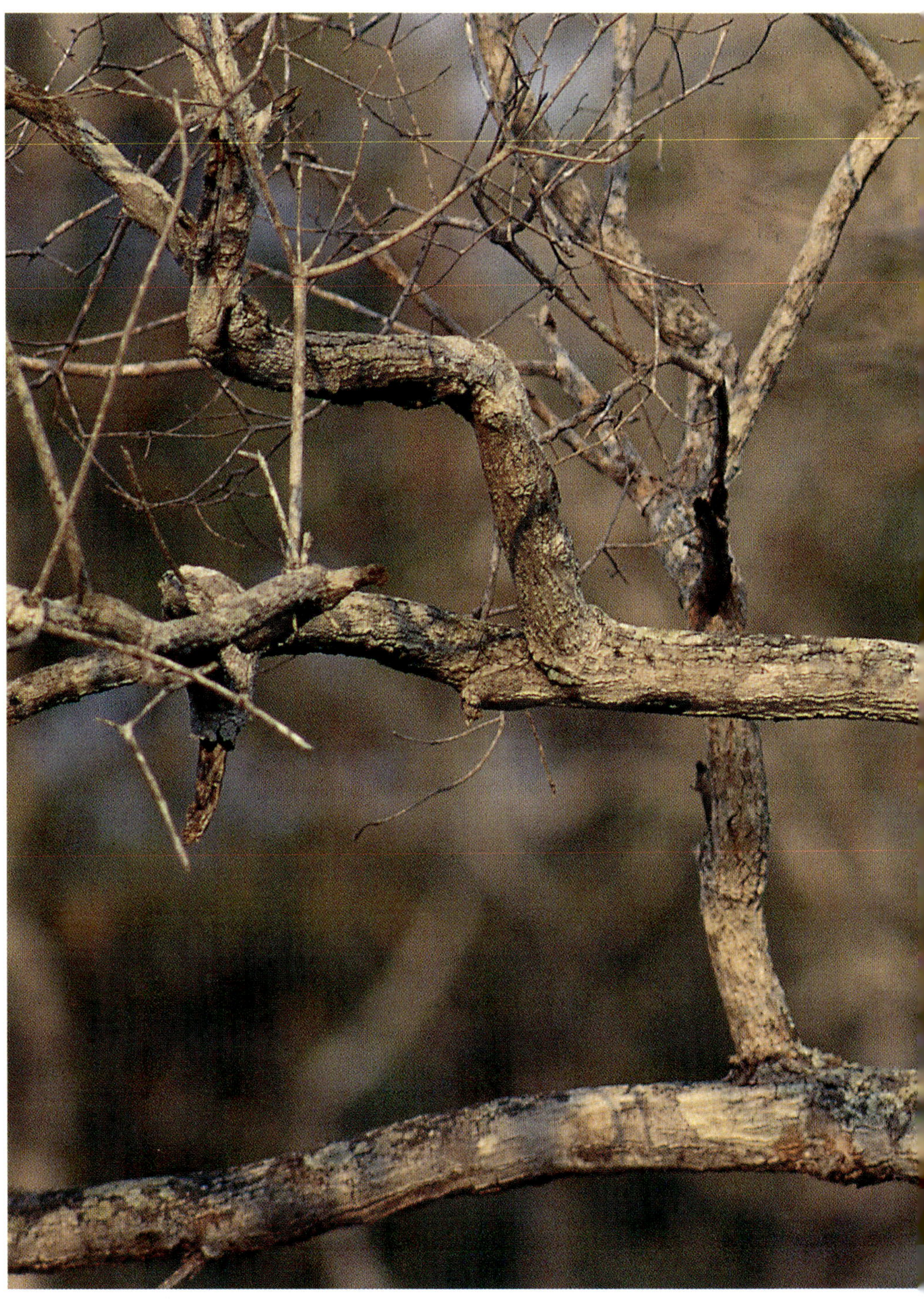

Gavião-belo
(Busarellus nigricollis)
Black-collared Hawk

Pousado em árvores à beira d'água, o gavião-belo espreita os peixes, que captura com as garras enquanto sobrevoa a superfície.

Roosting on trees at the edge of the water, the black-collared hawk stalks the fish that it captures in its claws by swooping down over the surface.

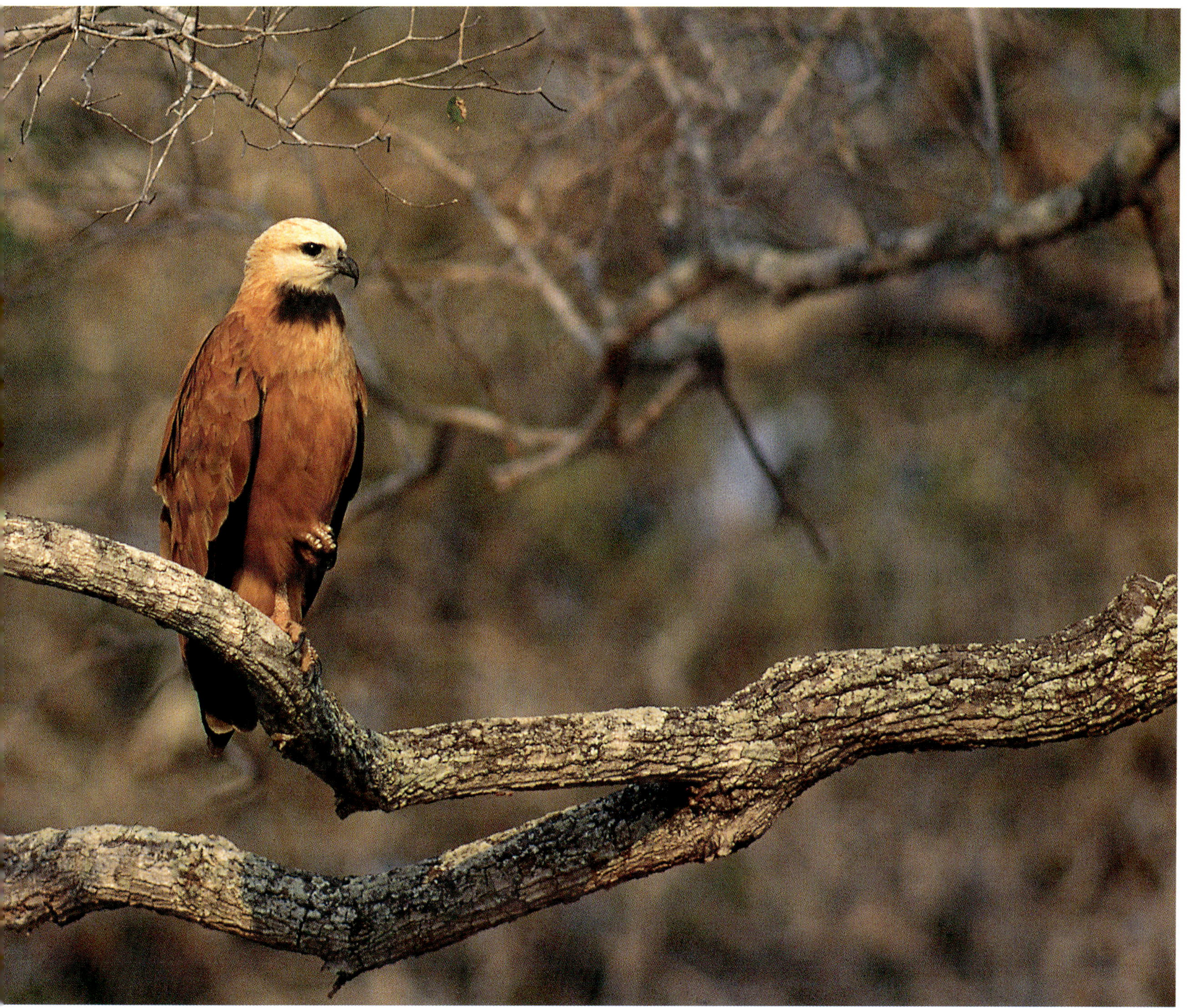

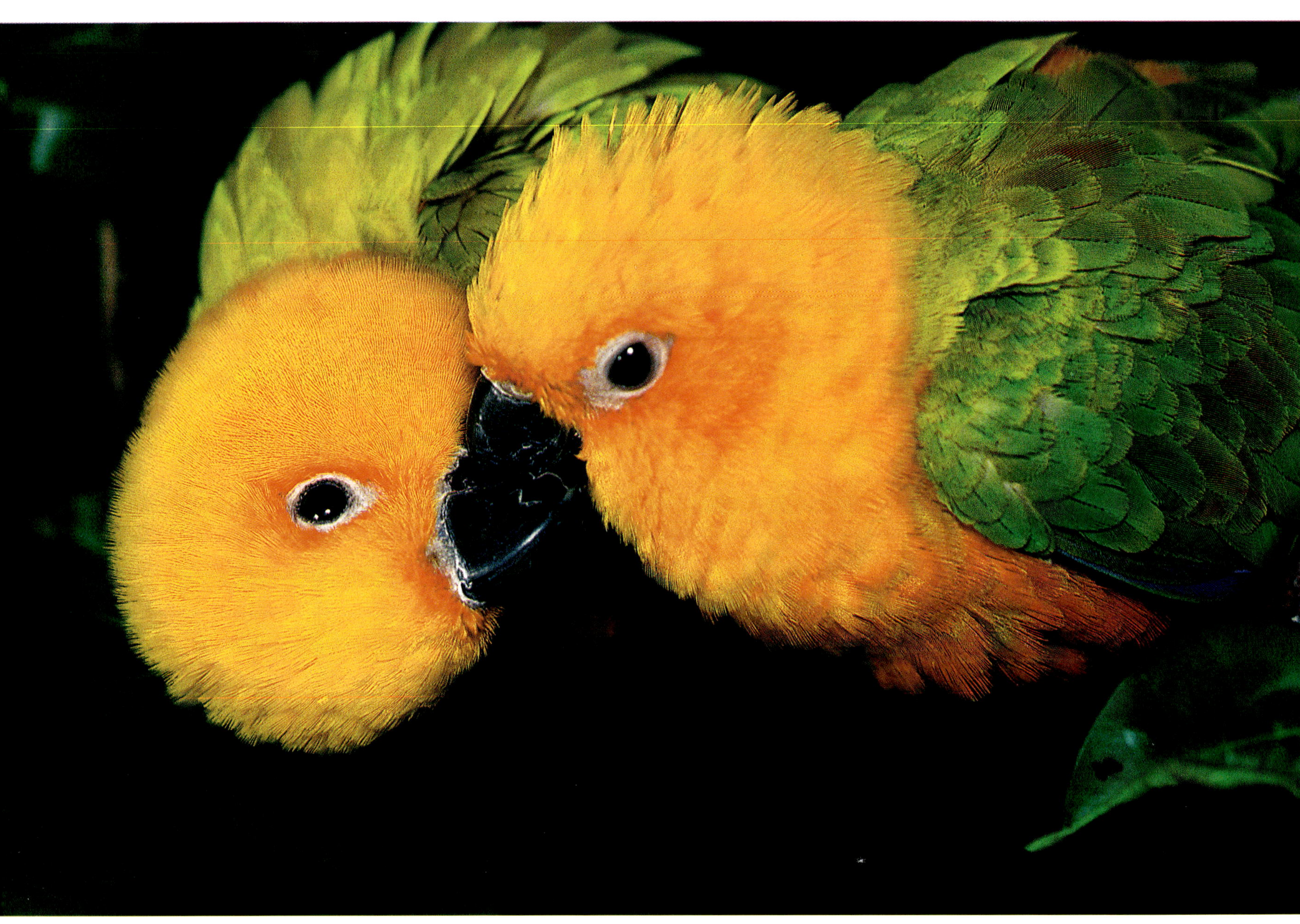

Jandaia-verdadeira
(Aratinga jandaya)
Jandaya Parakeet

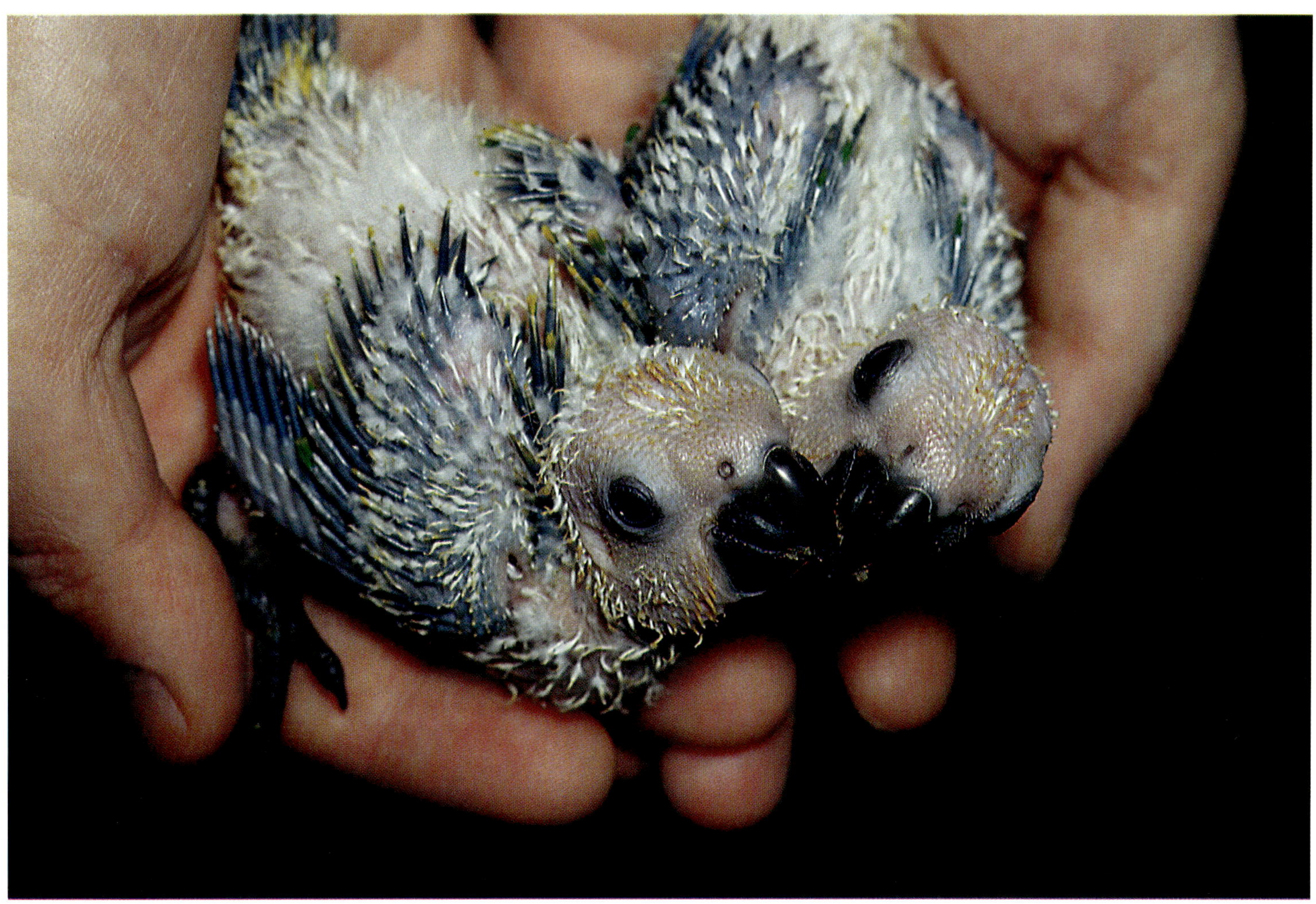

Entre os psitacídeos, os laços que unem o casal são sempre muito fortes. Mesmo em espécies que formam grandes bandos, como o periquito-rei, os parceiros se alimentam e pernoitam juntos. O contato entre os bicos, muitas vezes com oferta de alimento, é um dos comportamentos que mantêm o par unido, e que a jandaia-verdadeira treina desde filhote.

Among the psittacidae, the ties between the pair are always very strong. Even in species that form large flocks, like the golden-headed parakeet, partners feed each other and sleep together. Beak contact, which is often an offer of food, is one of the behaviors that keeps the pair united, which the jandaya parakeet practices even as a fledgling.

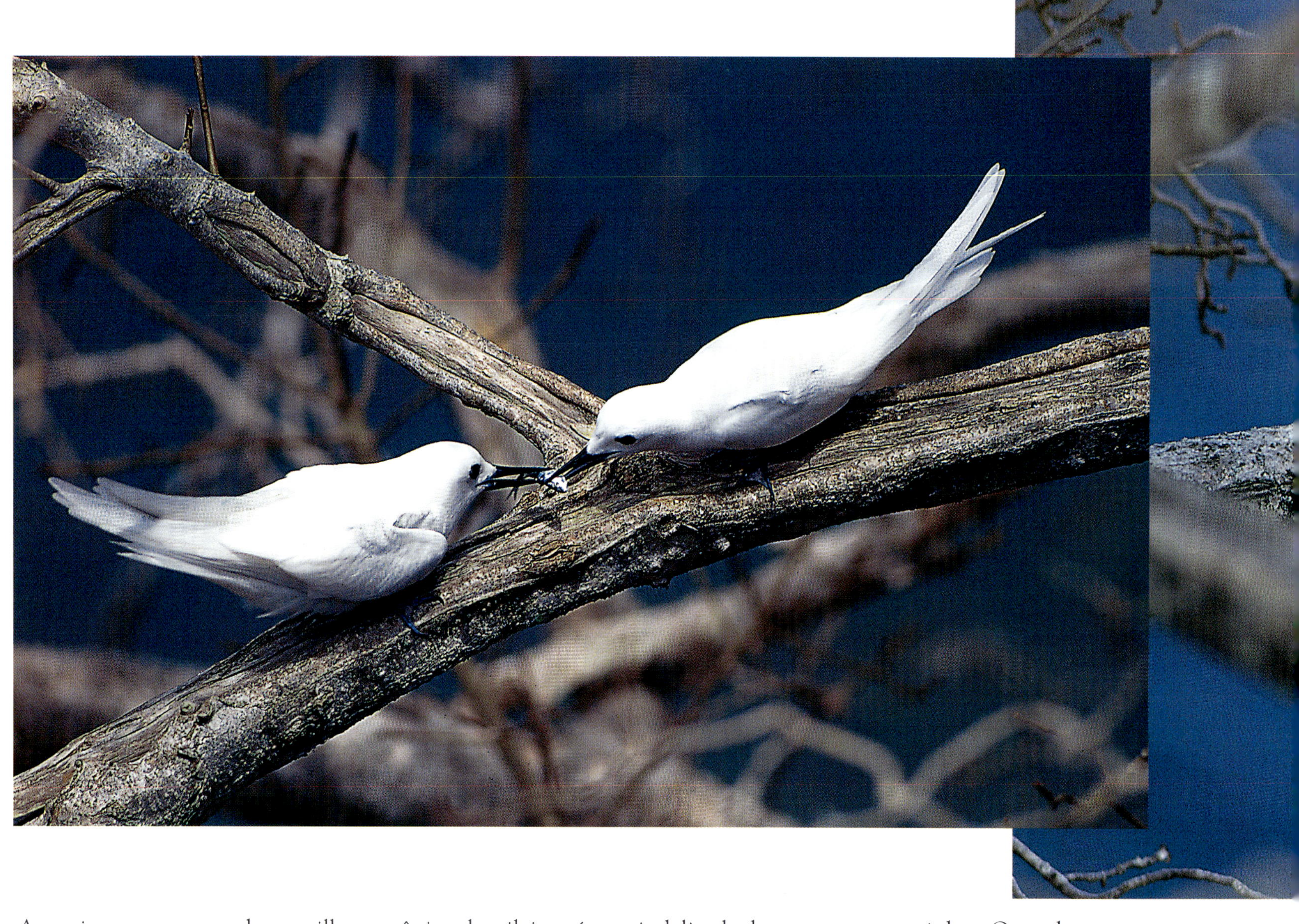

A grazina, que se reproduz nas ilhas oceânicas brasileiras, é a mais delicada de nossas aves marinhas. O macho corteja a fêmea trazendo-lhe peixes. Depois de formado, o casal se mantém unido por meio de vários rituais. A ave não faz ninho e o ovo é posto e chocado sobre um galho. Muitas ninhadas se perdem quando ocorrem tempestades. A fêmea põe outro ovo quando isso acontece.

The white tern, that breeds on Brazil's ocean islands, is the most delicate of our marine birds. The male courts the female by bringing fish to her. After the couple forms a pair, they maintain their union via several rituals. The bird does not make a nest and the egg is laid and hatched on a branch. Many eggs are lost during storms. The female lays another egg when that happens.

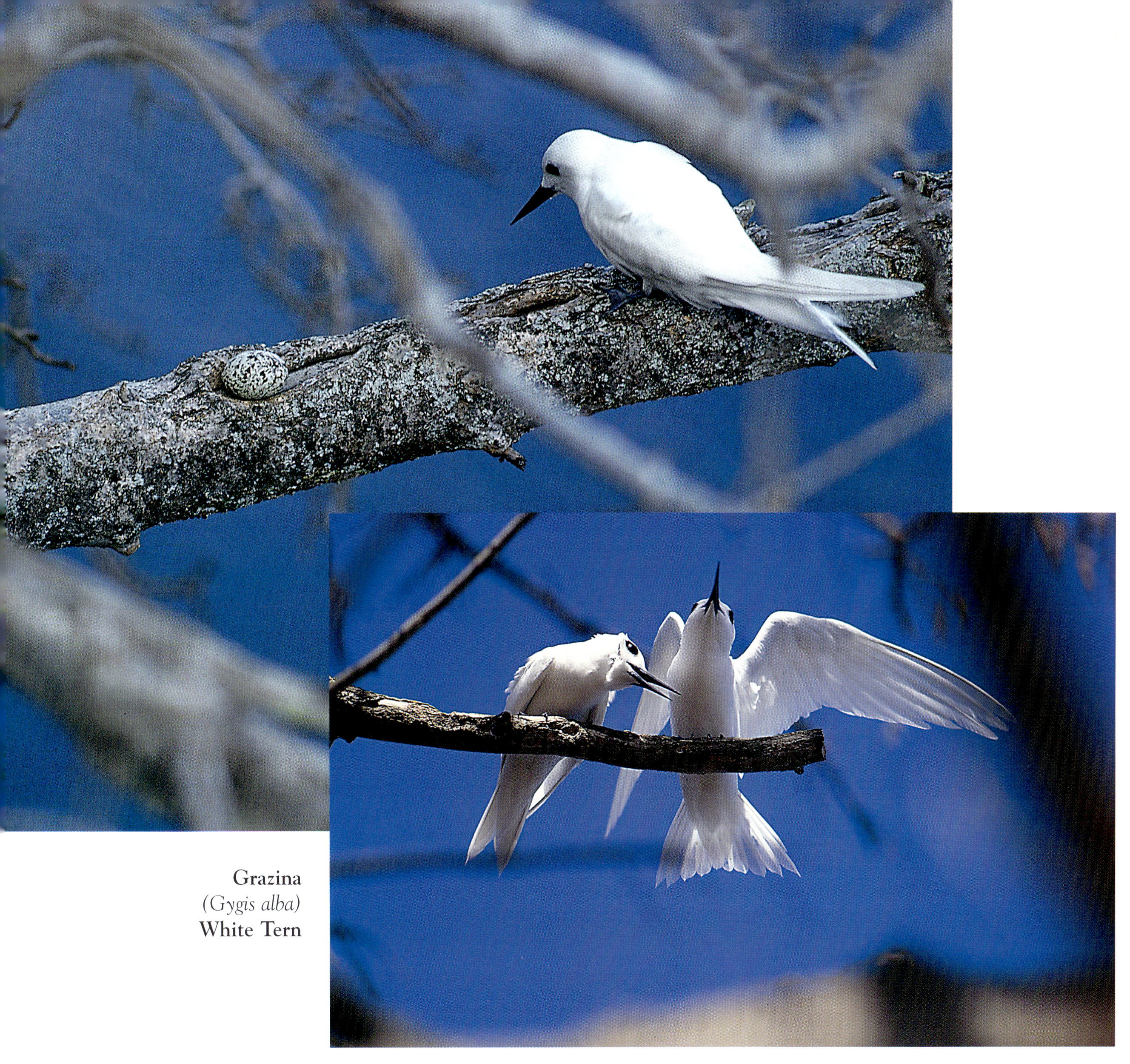

Grazina
(Gygis alba)
White Tern

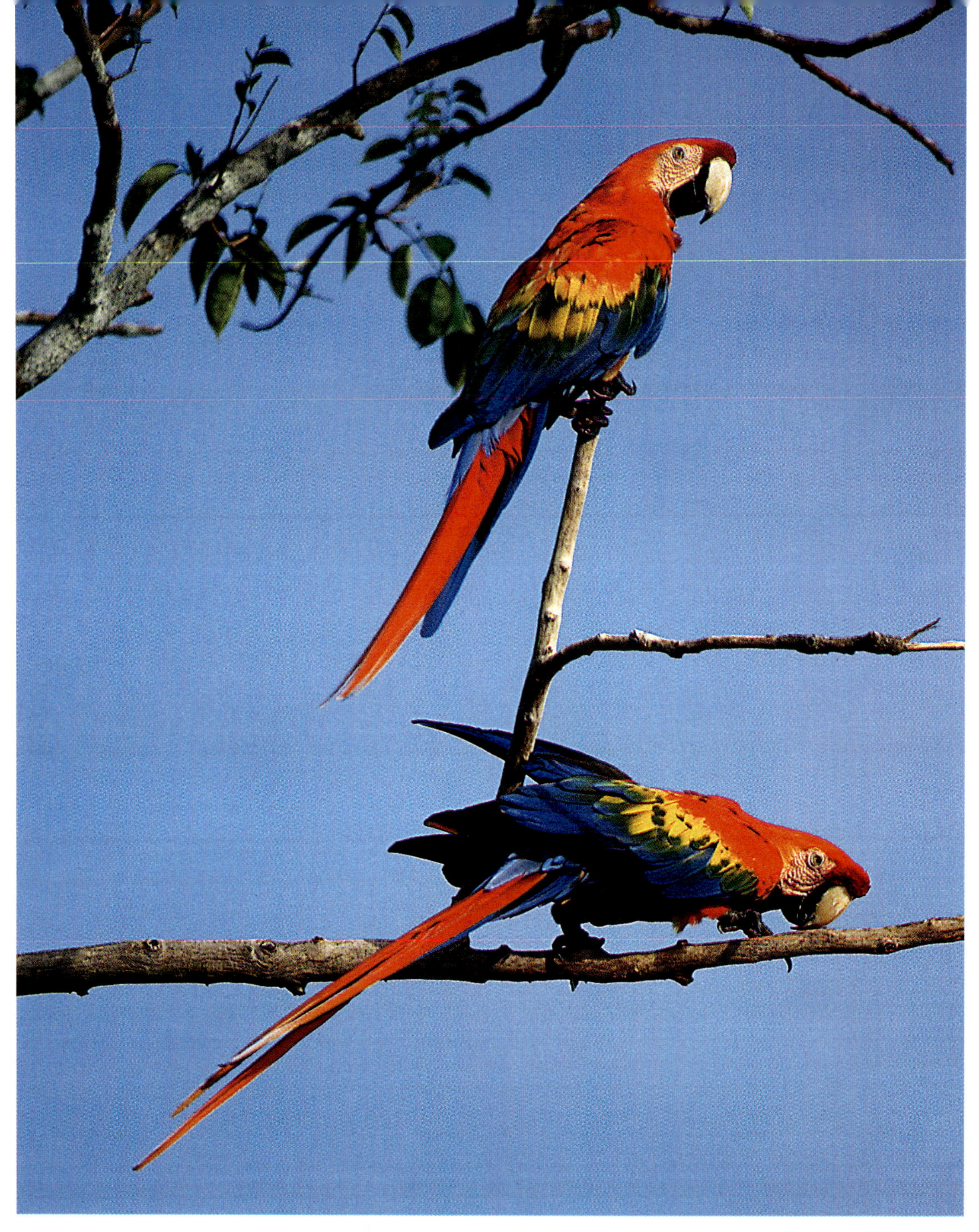

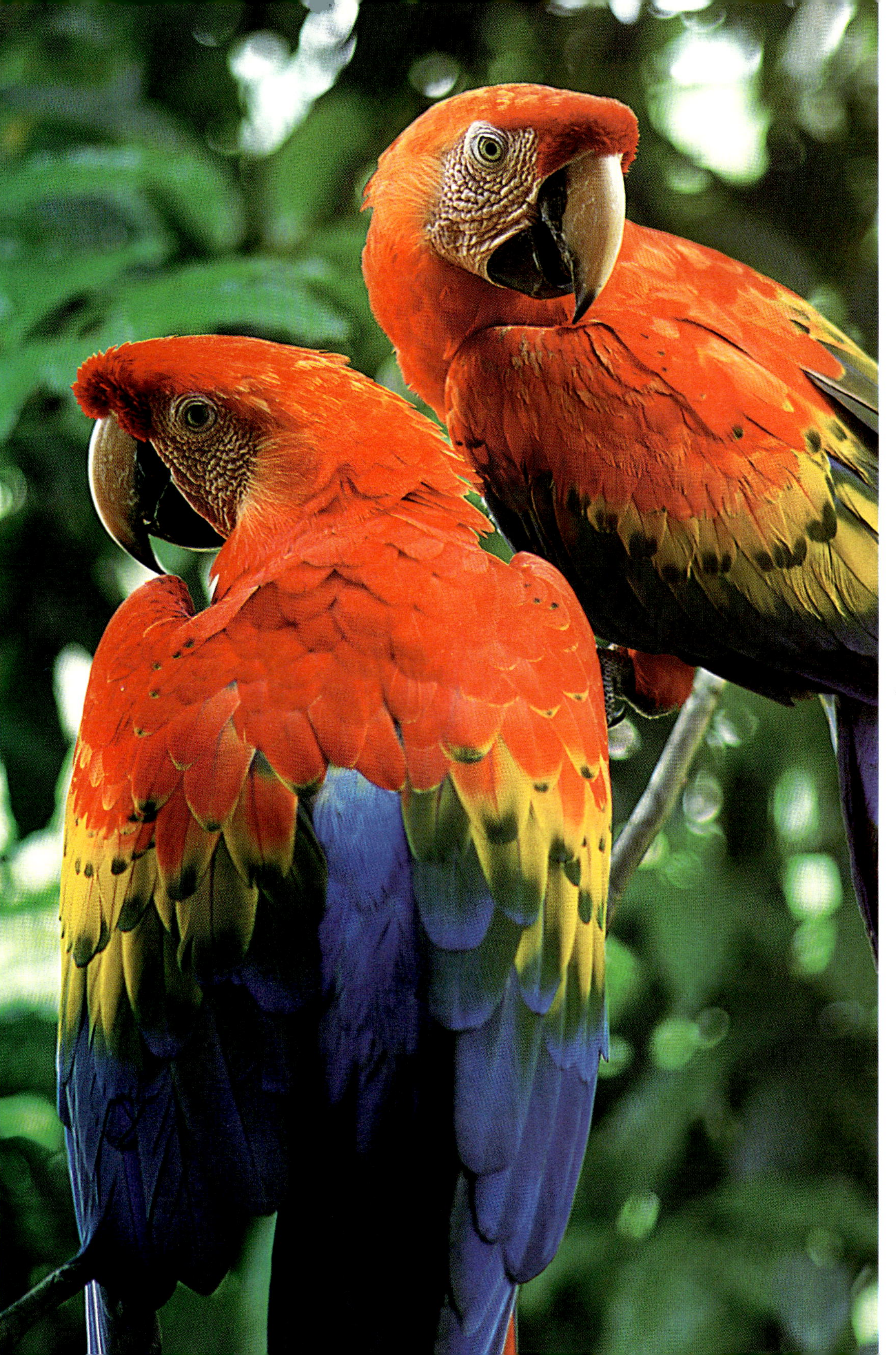

Arara-canga
(Ara macao)
Scarlet Macaw

Por conta do colorido intenso e do grande tamanho, a arara-canga é uma das aves tropicais mais familiares. Vive em casais, que se mantêm juntos mesmo quando o bando voa. Habita florestas e matas-galeria, e passa o dia nos galhos mais altos das árvores, alimentando-se ou descansando.

Due to its bright colors and large size, the scarlet macaw is one of the most familiar tropical birds. The species lives in pairs, who stay together even when the whole flock is flying. They live in forests and riverside vegetation, and spend the day on the highest branches of the trees, feeding or resting.

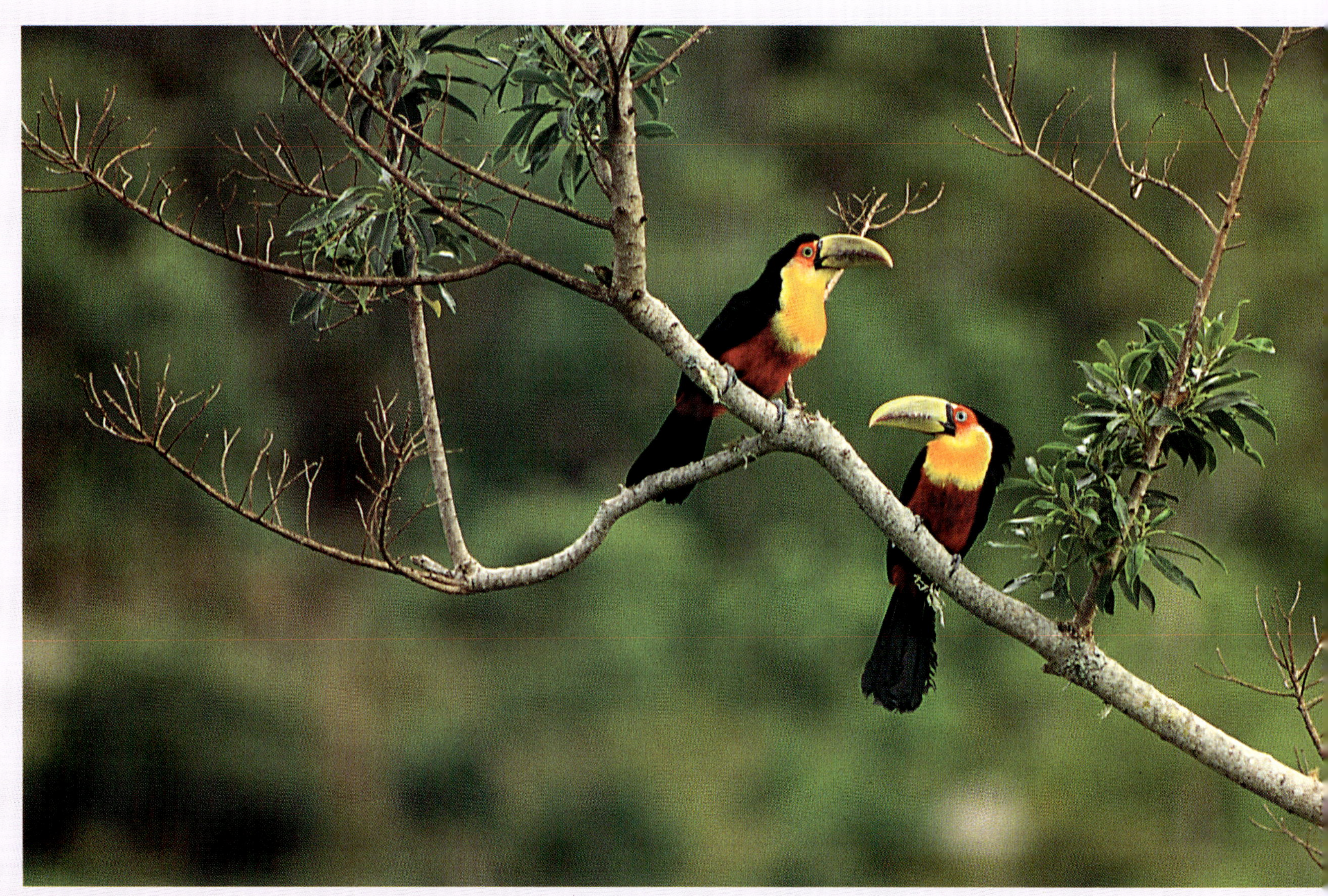

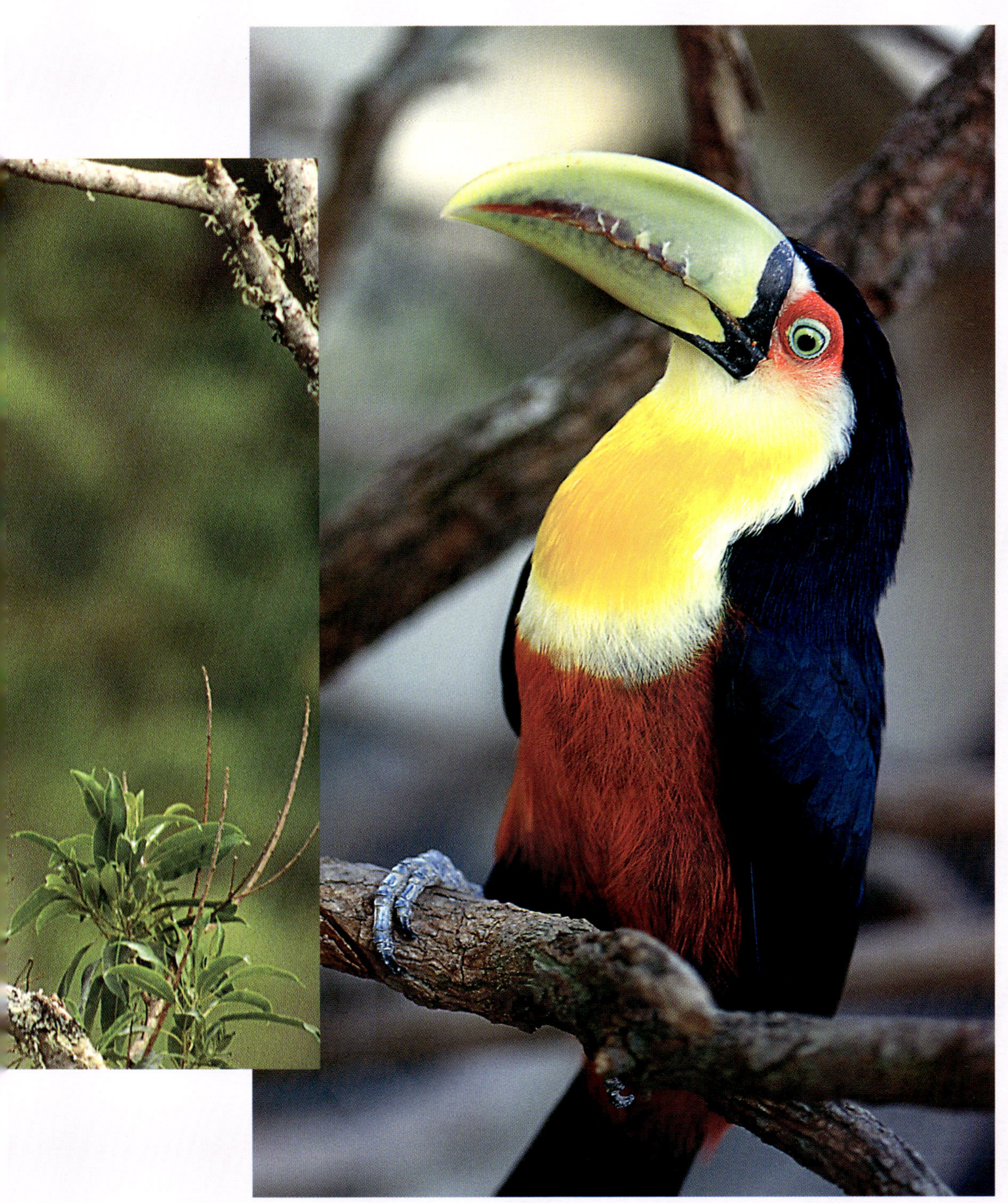

Tucano-de-bico-verde
(Ramphastos dicolorus)
Red-breasted Toucan

Quando o casal do tucanos-de-bico-verde canta no alto de uma árvore emergente, os gritos potentes e ásperos ressoam na mata atlântica. O serrilhado da borda do bico ajuda a ave na manipulação e ingestão dos frutos, seu alimento principal.

When a pair of red-breasted toucans sings in the top of a tree, the powerful and rasping sound echoes throughout the Atlantic rainforest. The jagged edge of its beak helps the bird manipulate and ingest fruits, which are its main staple.

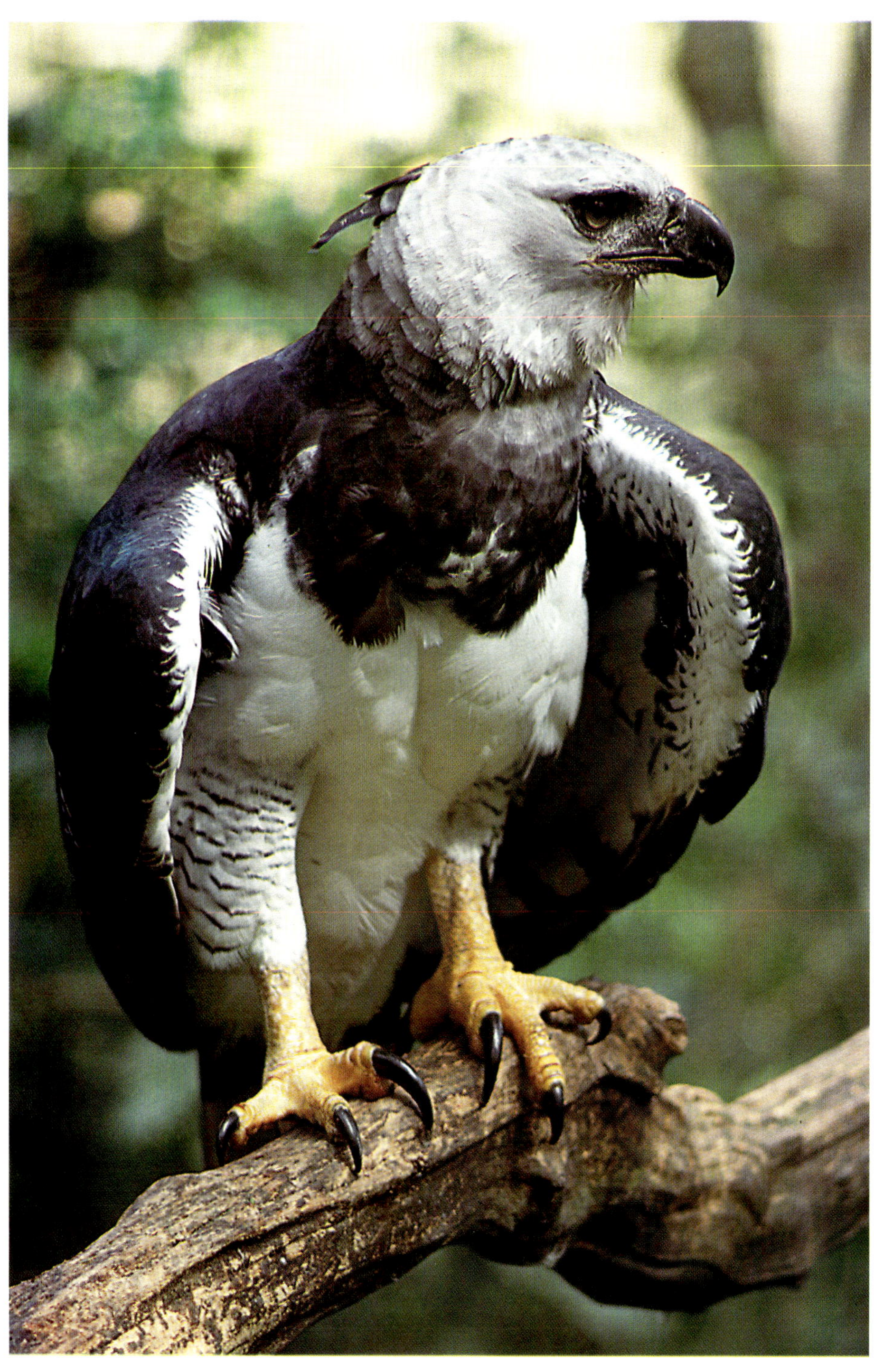

Harpia
(Harpia harpyja)
Harpy Eagle

A harpia ou uiraçu – "ave grande" em tupi – é a ave de rapina mais potente do planeta. As garras poderosas e a força da batida das asas permitem-lhe arrancar preguiças e macacos dos galhos sem interromper o vôo.

The harpy eagle, or uiraçu *– "big bird" in Tupy-guarany – is the planet's most powerful bird of prey. Its powerful claws and the strength with which it beats its wings allow it to tear sloths and monkeys from tree branches, while in flight.*

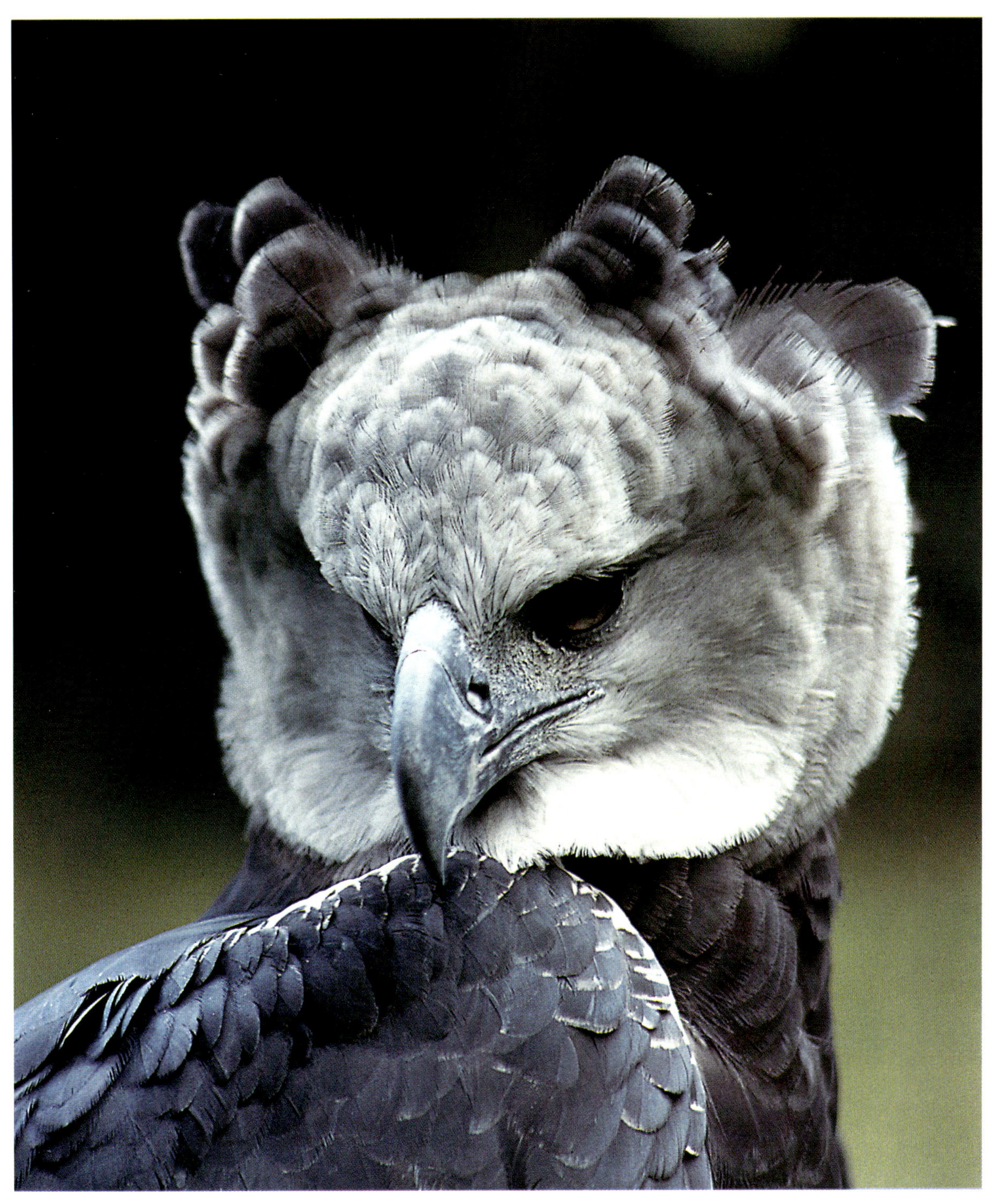

O disco facial formado pelas penas eriçadas concentra os sons e ajuda na localização de presas.

The facial disc formed by upraised feathers focuses sounds and helps locate the prey.

Urubu-rei
(Sarcoramphus papa)
King Vulture

O urubu-rei é a maior das cinco espécies brasileiras de urubus. O colorido vibrante da pele nua da cabeça e pescoço é acentuado por inúmeras dobras e pela carúncula em cima do bico. Ele aparece apenas nos adultos e deve ter uma função no reconhecimento individual, durante interações entre as aves.

The king vulture is the largest of the five Brazilian vulture species. The bright color of its bare head and neck is accentuated by numerous folds and by the distinctive wattle atop its beak. It appears only on adults and must have some type of function for individual recognition during interaction between birds.

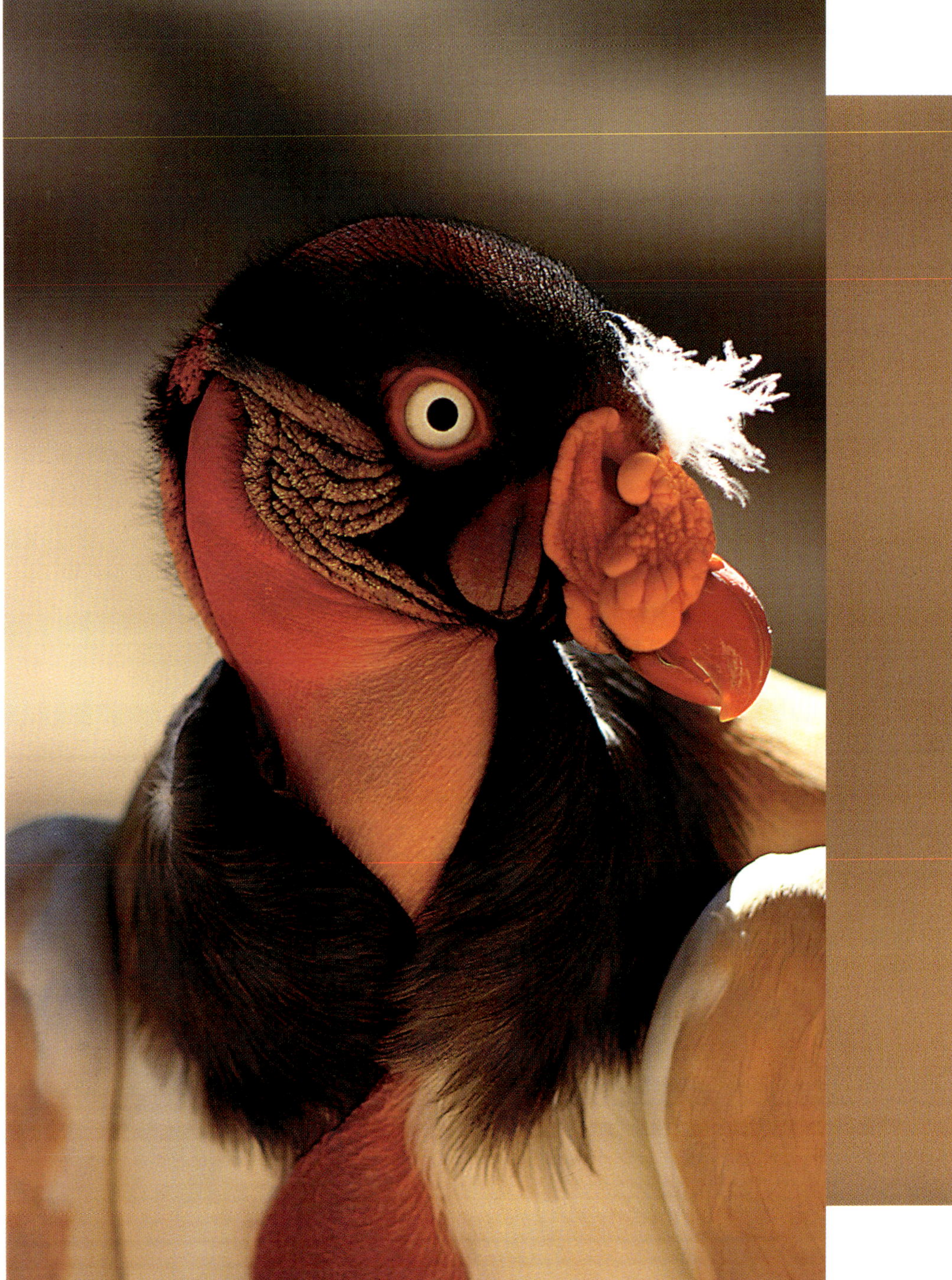

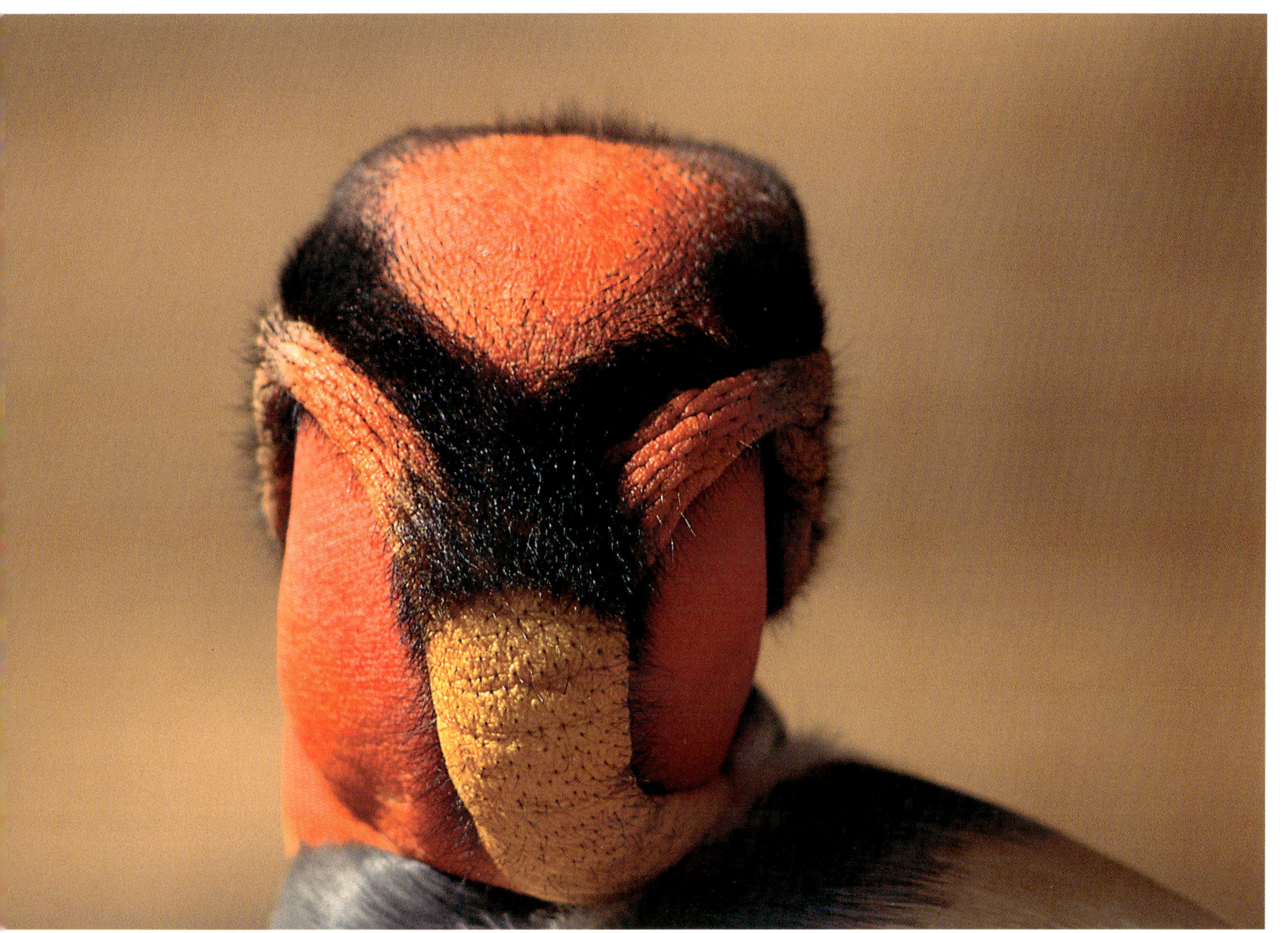

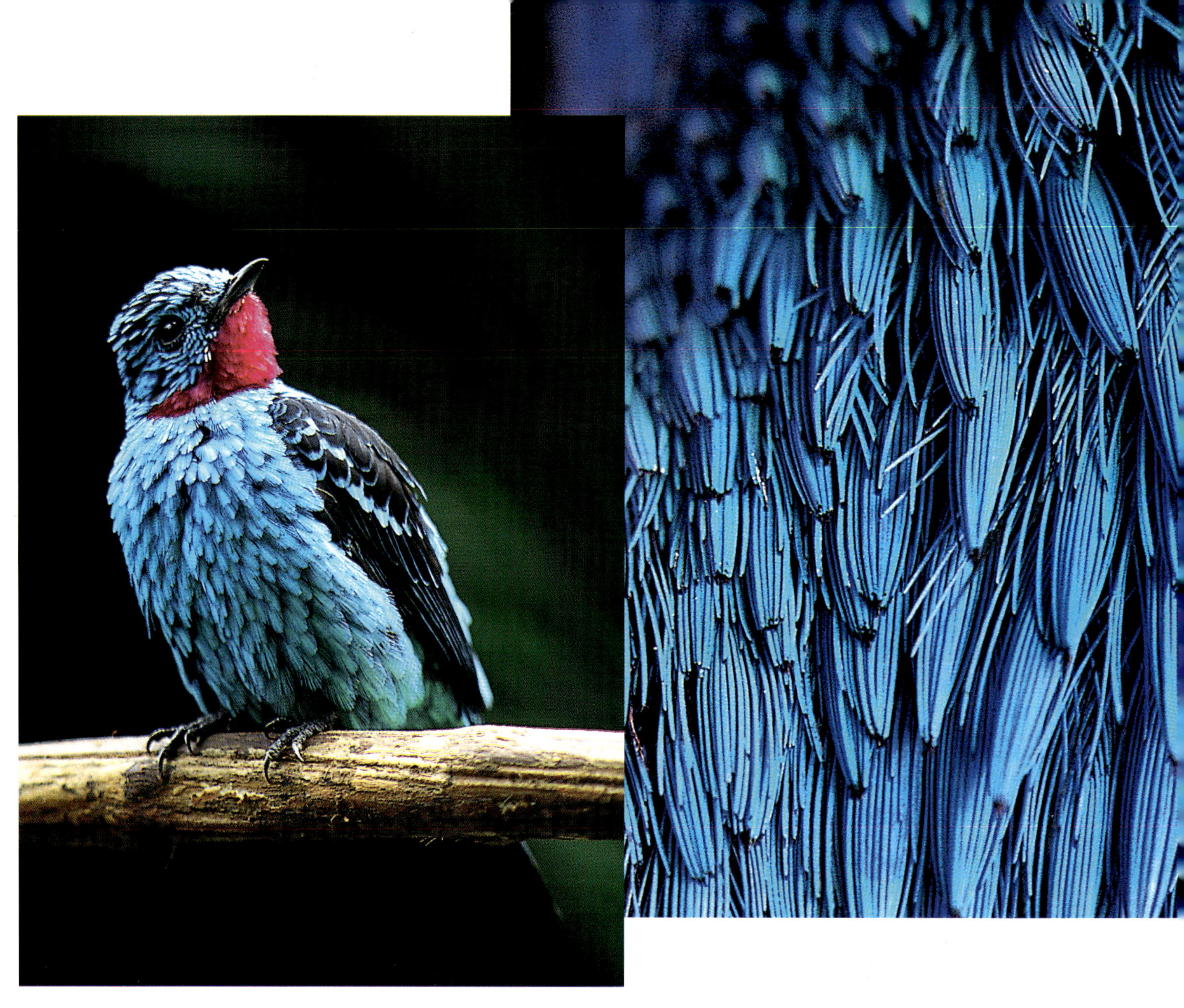

Anambé-azul
(Cotinga cayana)
Spangled Cotinga

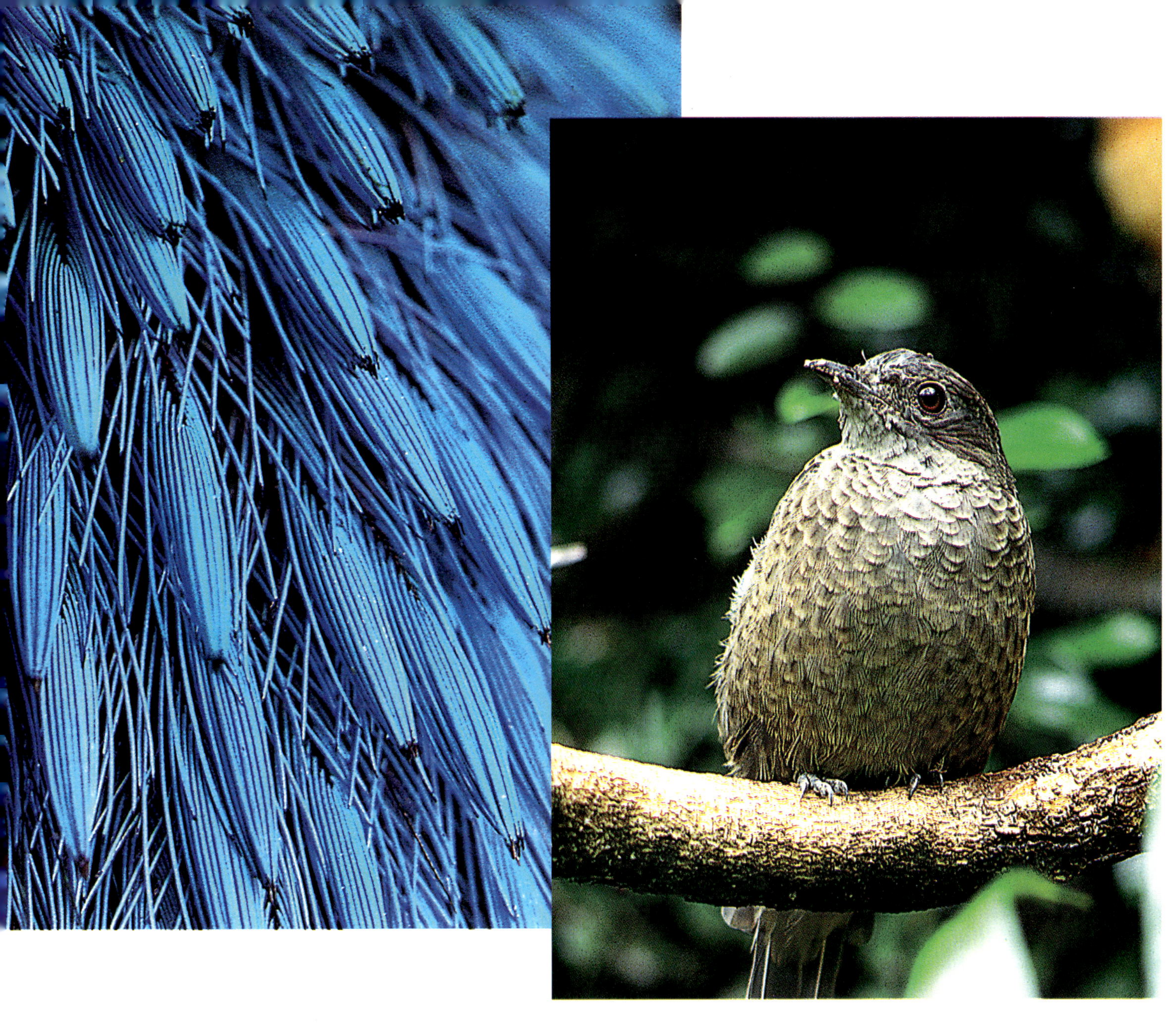

O anambé-azul não canta, e os únicos sons que produz provêm de penas modificadas que o macho tem nas asas. O repertório restrito é compensado pelo colorido brilhante, que ele só adquire com um ano de idade. Antes disso, sua plumagem é discreta, igual à da fêmea.

The spangled cotinga does not sing and the only sounds it emits come from the modified feathers that the male has on its wings. Its restricted repertoire is compensated by a brilliant plumage, that only appears when it is one year old. Before that, its plumage is discreet, like that of the female.

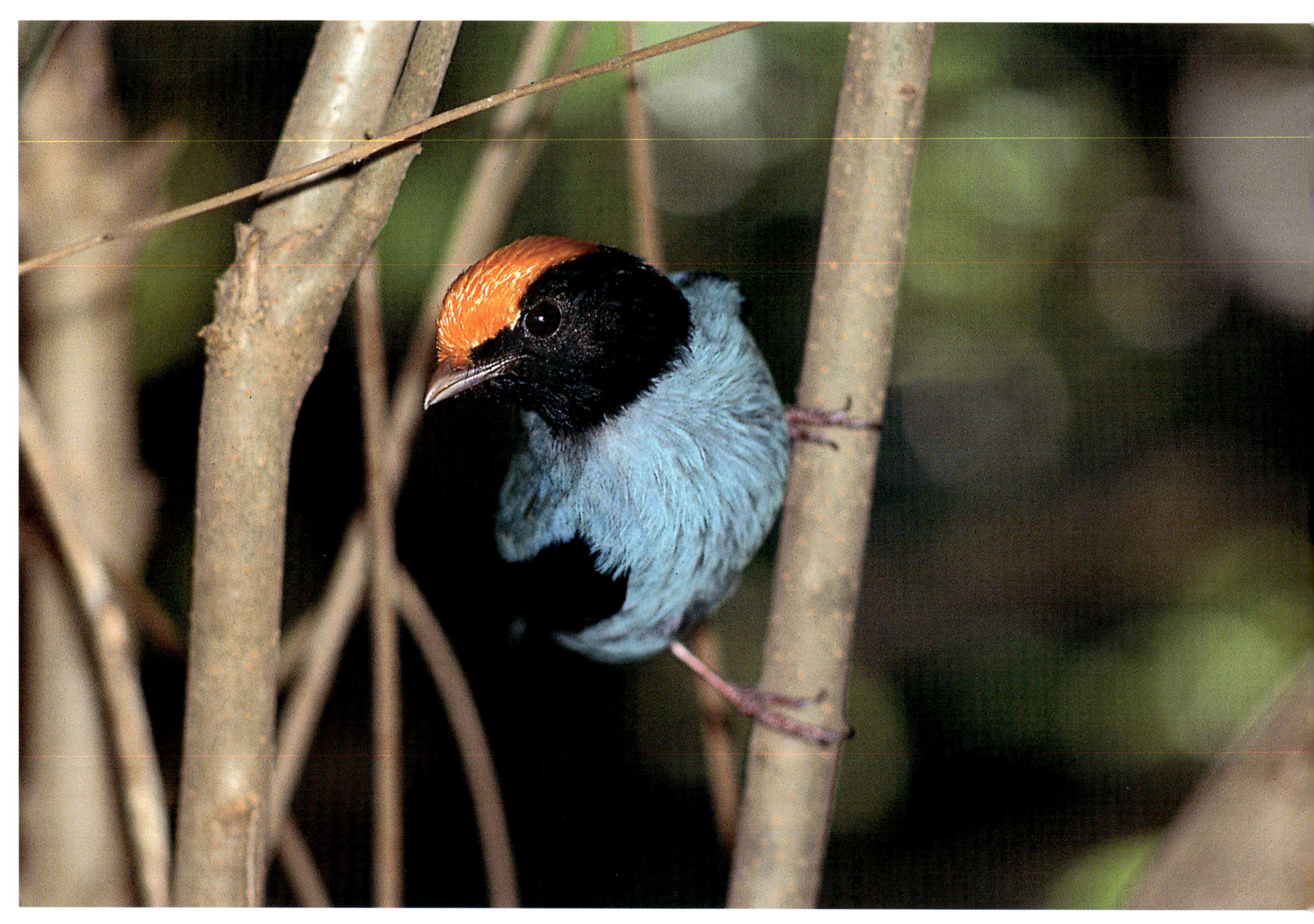

Tangará-dançarino
(Chiroxiphia caudata)
Blue Manakin

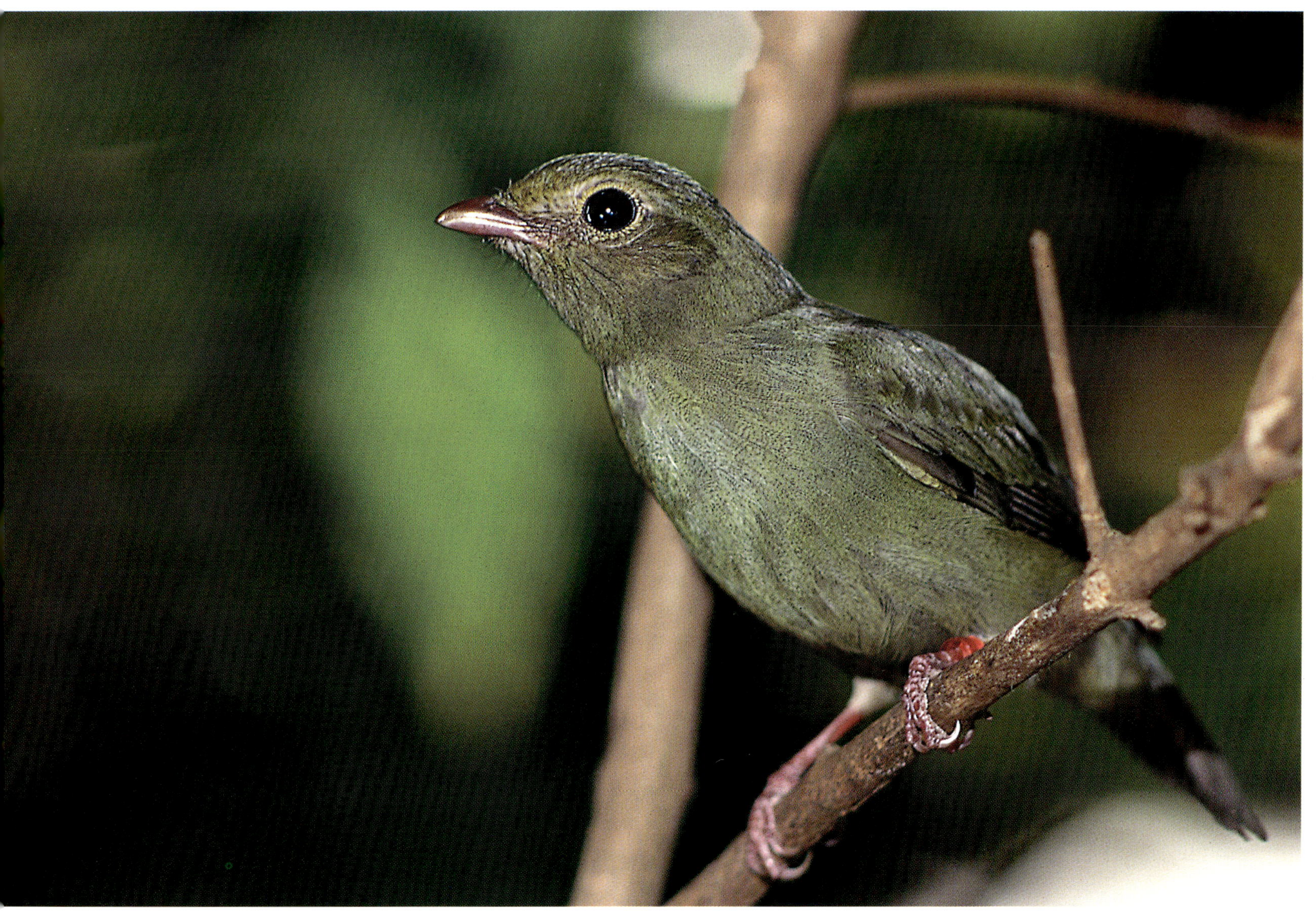

A plumagem vistosa do tangará-dançarino macho tem a função de conquistar a fêmea, disputada por vários machos durante as danças de acasalamento. Já a fêmea tem colorido discreto, que se confunde com a folhagem e lhe dá proteção contra os predadores nas longas horas que passa no ninho, chocando os ovos.

The showy plumage of the male blue manakin functions to attract the female, who is courted by several males during mating dances. The female has a discreet coloring that blends with the leaves and protects it from predators during the long hours spent on the nest, hatching the eggs.

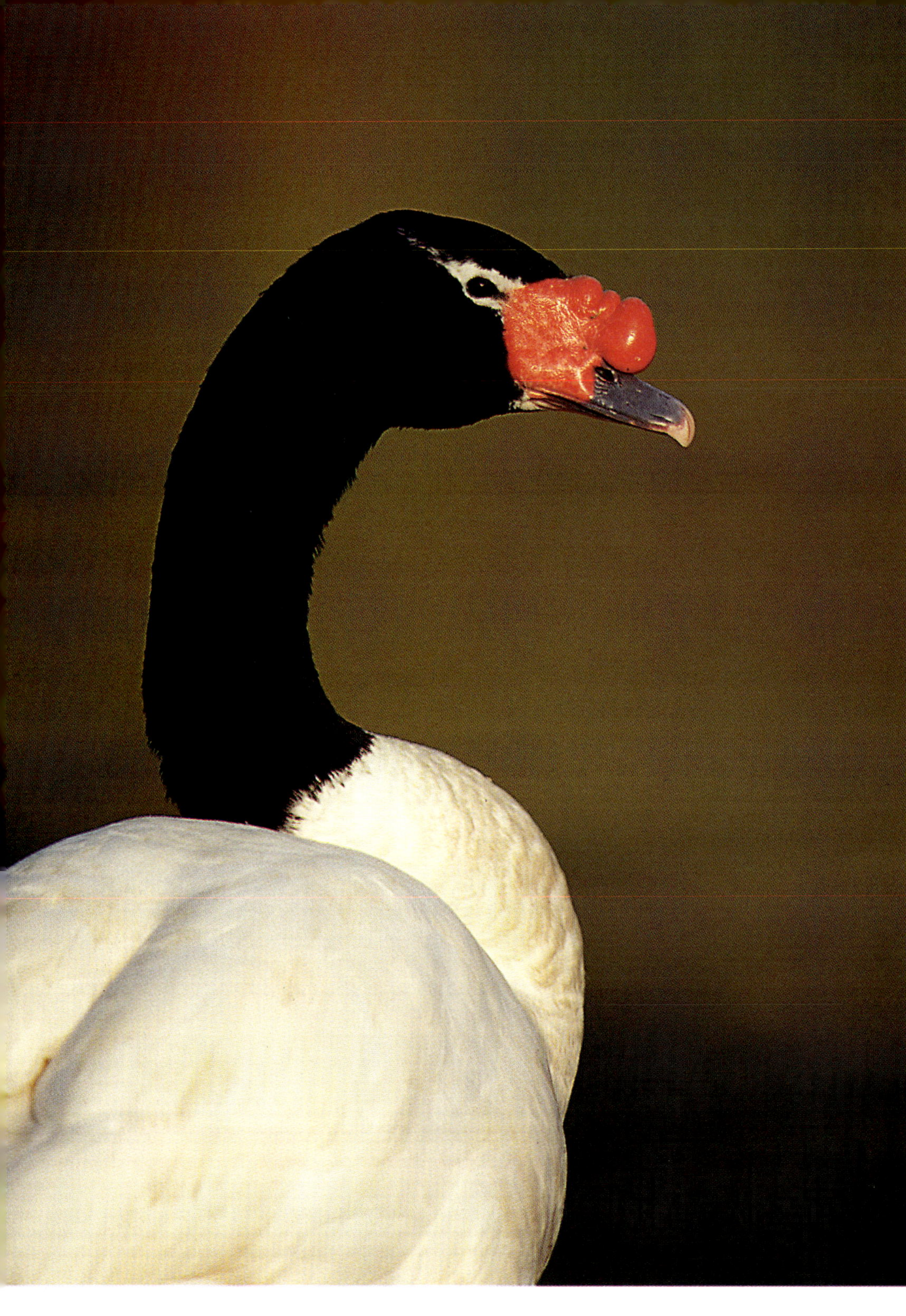

Cisne-de-pescoço-preto
(Cygnus melancoryphus)
Black-necked Swan

Com seu longo pescoço, o cisne-de-pescoço-preto, habitante do sul do país, alcança plantas aquáticas no fundo de lagos e banhados sem ter de mergulhar.

With its long neck, the black-necked swan, which inhabits southern Brazil, reaches aquatic plants in the bottom of lagoons and marshes, without having to dive.

Capororoca
(Coscoroba coscoroba)
Coscoroba Swan

A capororoca é um cisne que vive nos banhados gaúchos. Bico e patas rosados contrastam com a plumagem, toda branca exceto pelas pontas negras das asas.

The coscoroba swan lives in the marshes of Rio Grande do Sul. Its rosy beak and feet contrast with its plumage, which is all white, except for black wing tips.

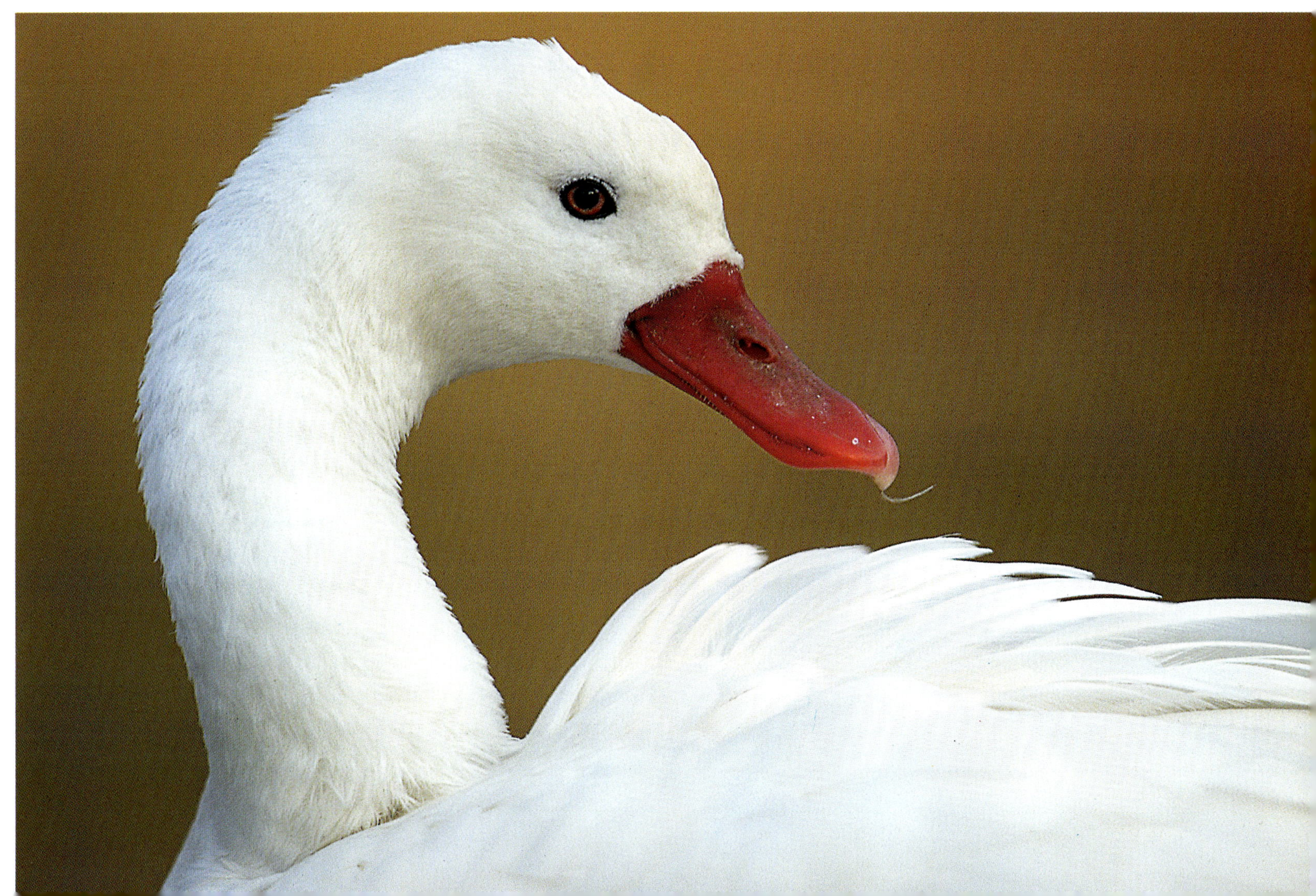

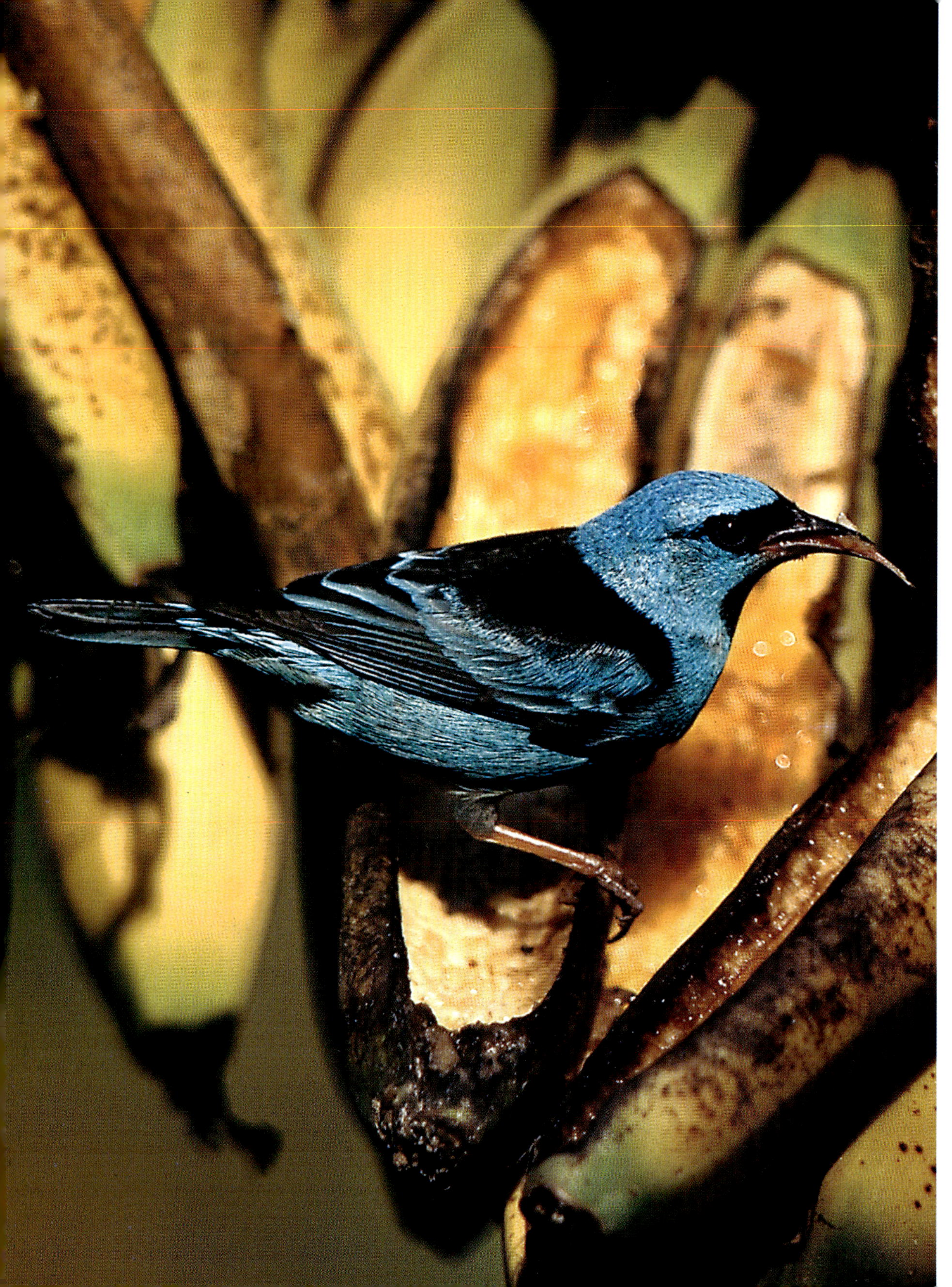

Saí-azul
(Dacnis cayana)
Blue Dacnis

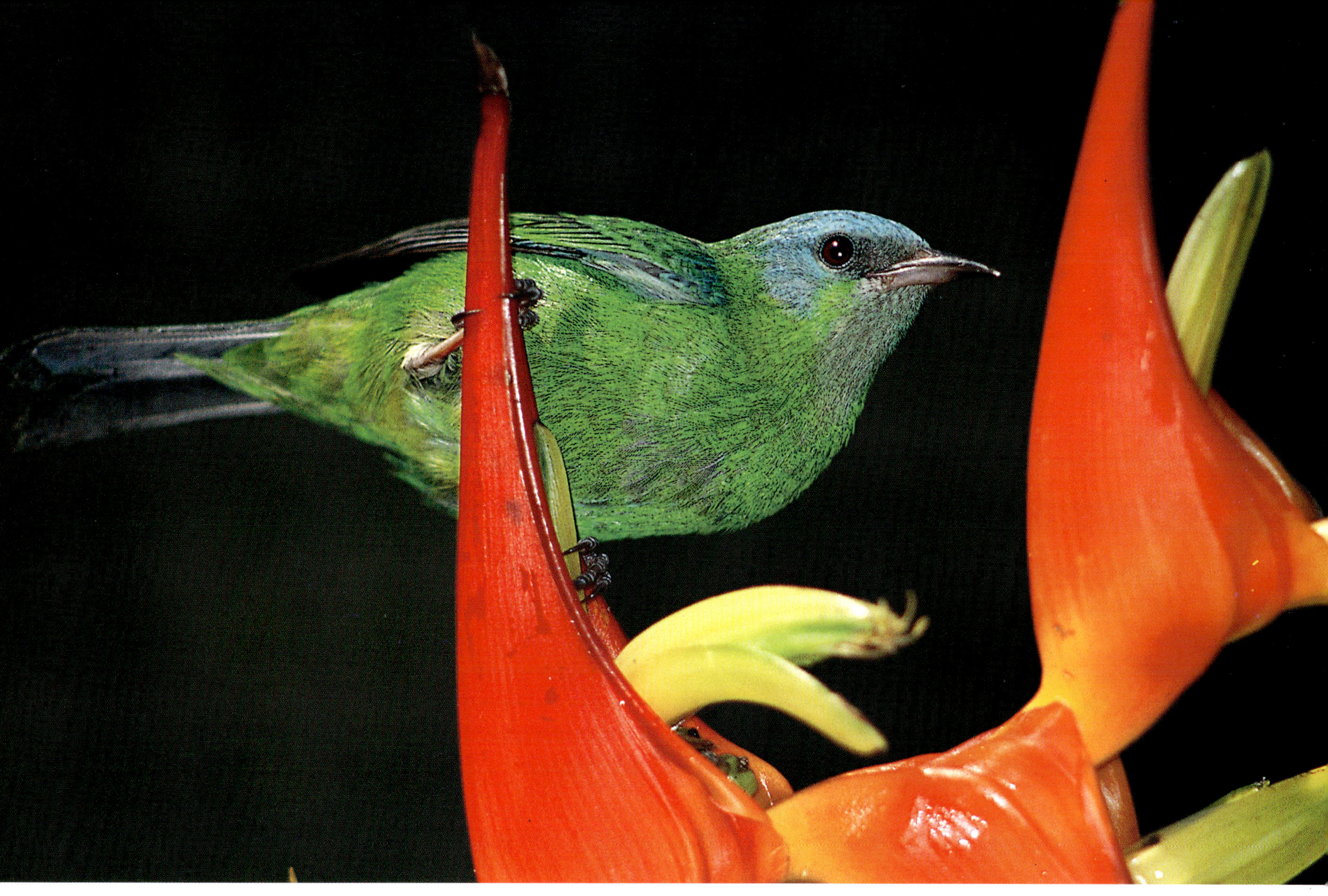

Só o macho do saí-azul tem essa cor, enquanto a fêmea é verde. Morador das matas e capoeiras, o pássaro aparece em jardins e plantações à procura de frutos e de néctar de flores, seus alimentos preferidos.

Only the male blue dacnis has this color, while the female is green. The bird lives in the forests and open fields, and appears in gardens and planted fields, looking for fruit and flower nectar, which are its favorite foods.

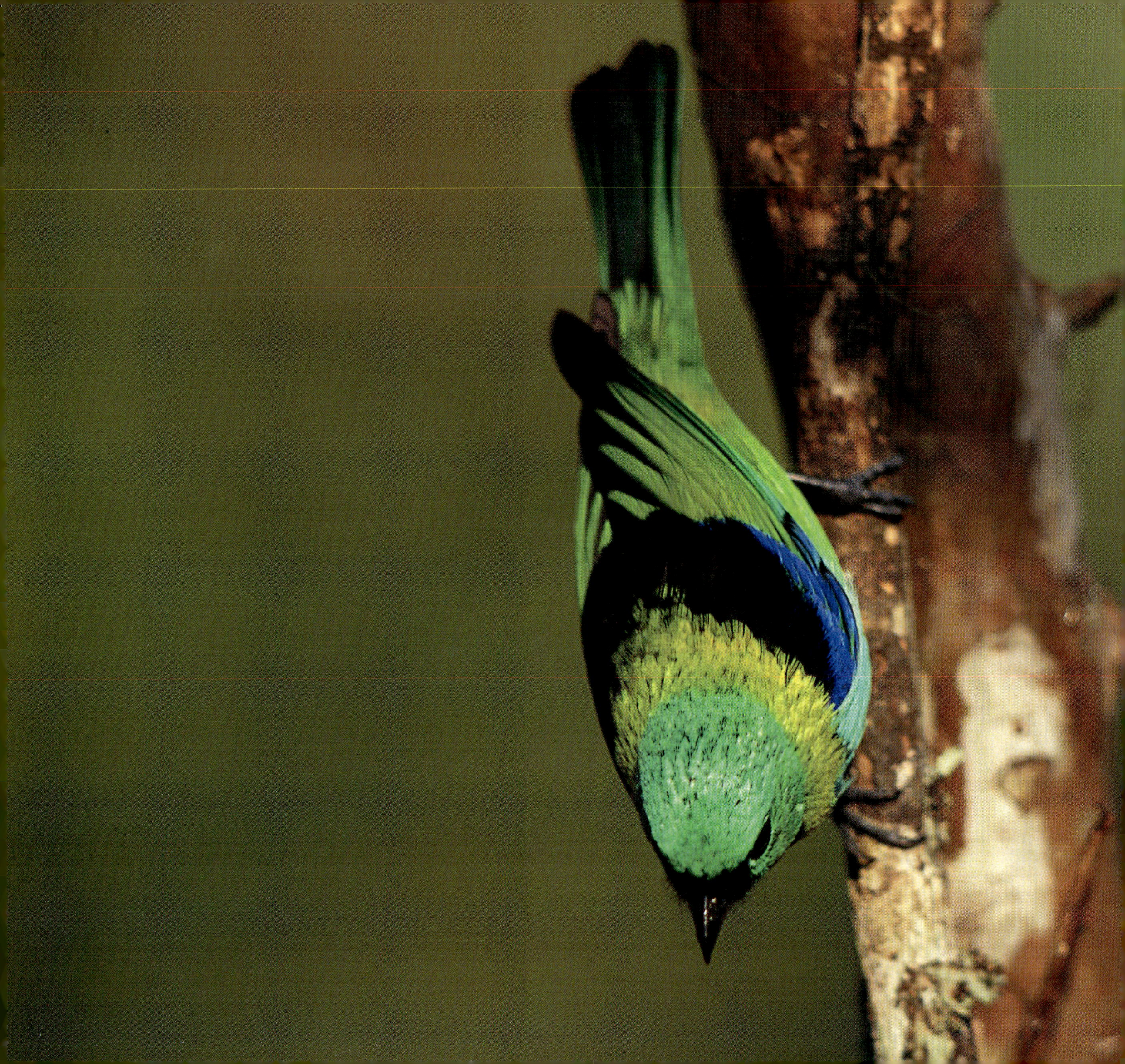

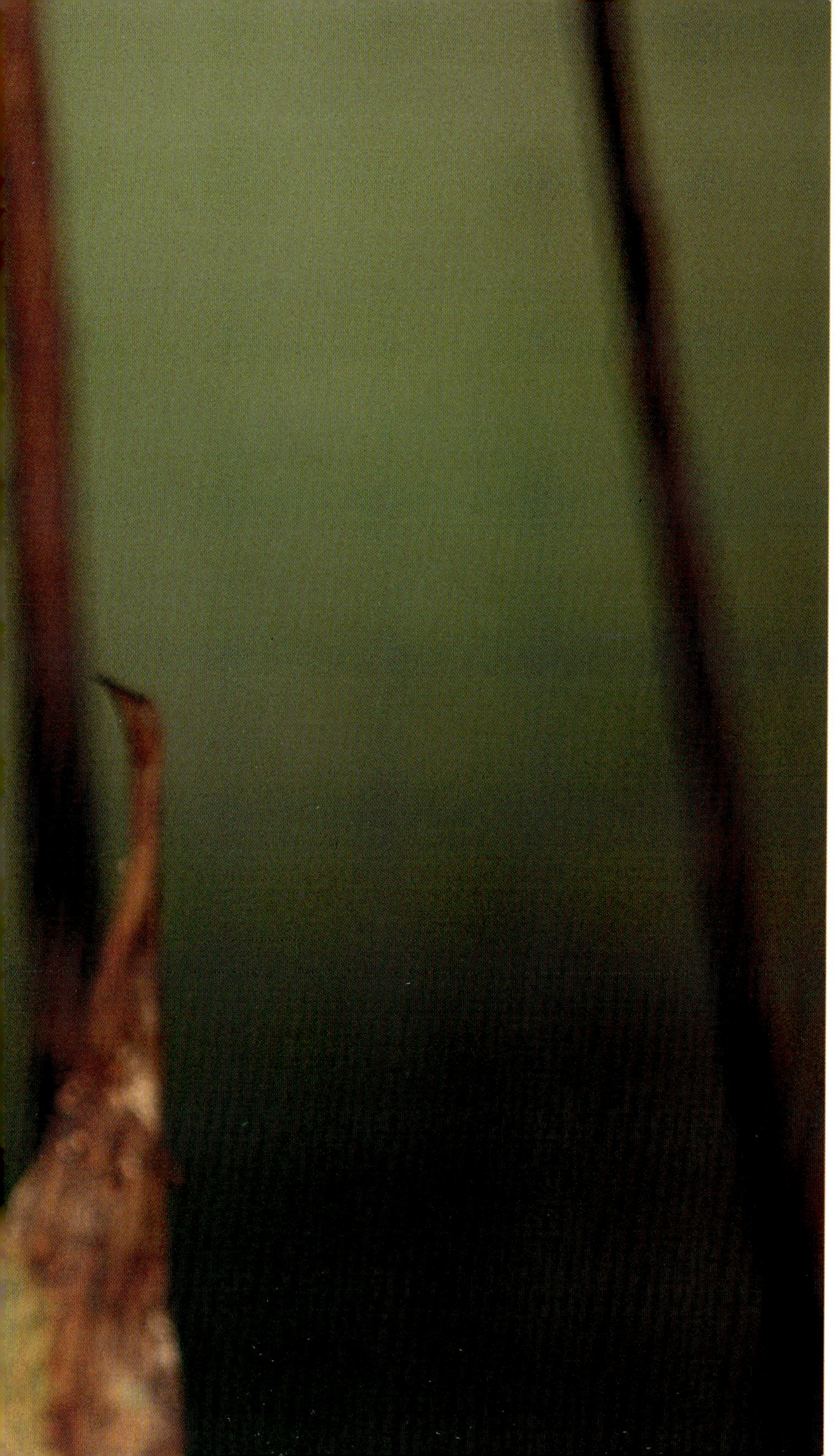

Saíra-sete-cores
(Tangara seledon)
Green-headed Tanager

A irrequieta saíra-sete-cores pode assumir posições acrobáticas para inspecionar a folhagem em busca de frutos silvestres, seu principal alimento.

The restless green-headed tanager can take acrobatic postures, in order to inspect leaves, while searching for wild fruits, which are its main staple.

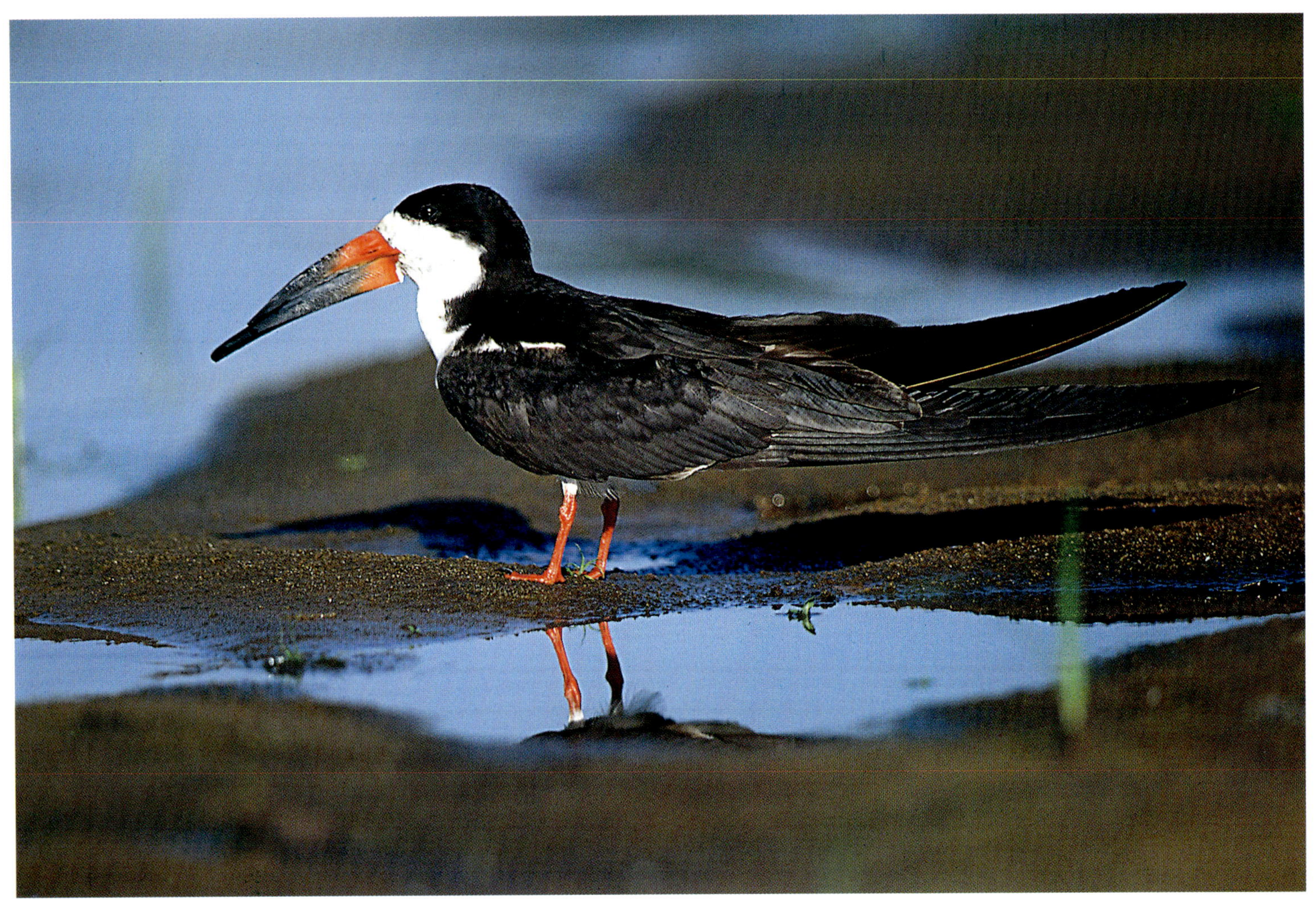

Talha-mar
(Rynchops niger)
Black Skimmer

O bico do talha-mar é uma adaptação para a captura de peixinhos e camarões, que a ave pega voando rente à água, com a mandíbula mergulhada.

The beak of the black skimmer is adapted to catch small fish and shrimp, while the bird skims low with its lower beak in the water.

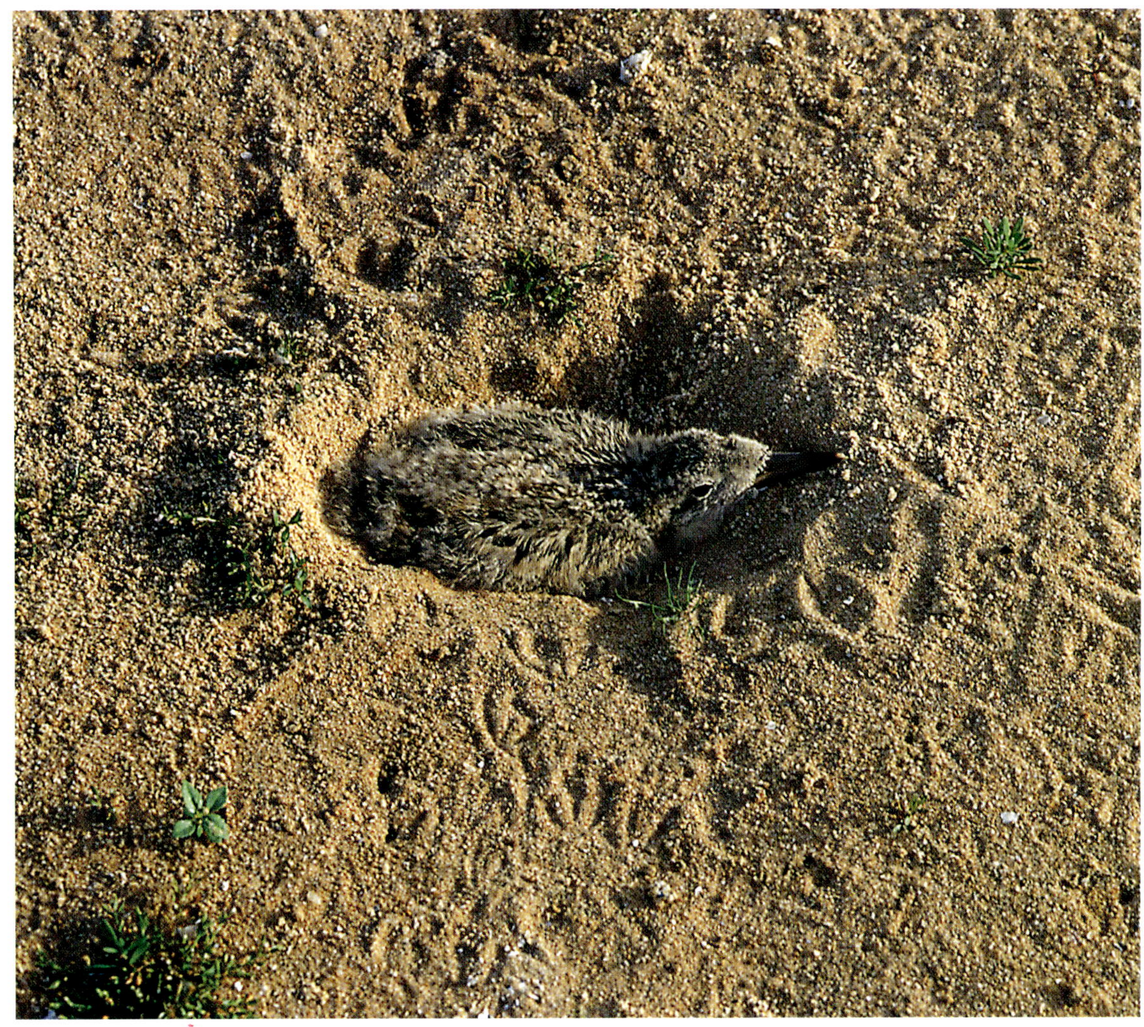

A ave reproduz-se nas praias marinhas e de rios, e o ninho é uma simples depressão na areia, com a qual o filhote se camufla. Ao nascer, tem bico normal.

The bird mates on ocean and river beaches, and its nest is merely scraped out of the sand, where the fledgling is camouflaged. It is born with a normal beak.

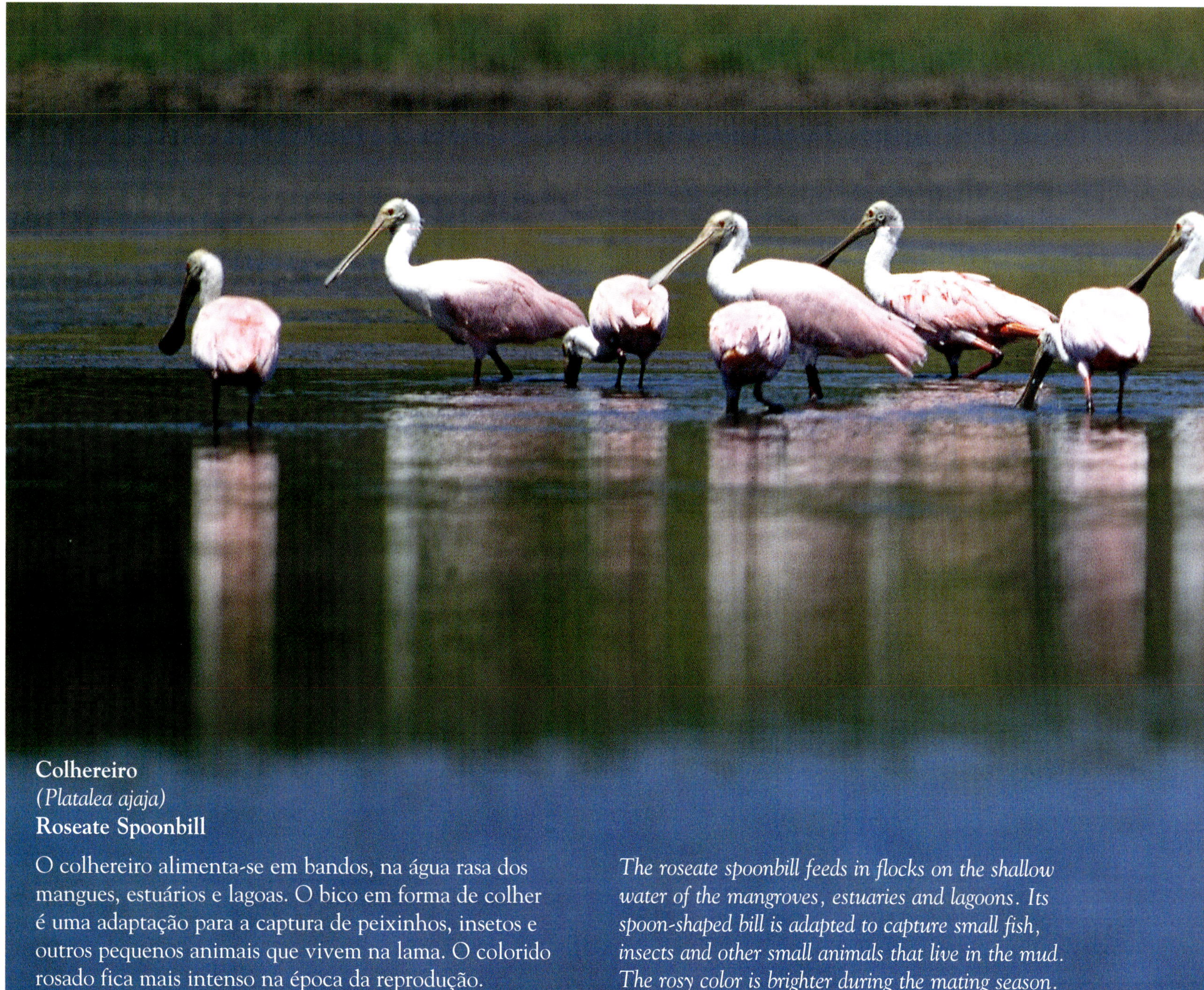

Colhereiro
(Platalea ajaja)
Roseate Spoonbill

O colhereiro alimenta-se em bandos, na água rasa dos mangues, estuários e lagoas. O bico em forma de colher é uma adaptação para a captura de peixinhos, insetos e outros pequenos animais que vivem na lama. O colorido rosado fica mais intenso na época da reprodução.

The roseate spoonbill feeds in flocks on the shallow water of the mangroves, estuaries and lagoons. Its spoon-shaped bill is adapted to capture small fish, insects and other small animals that live in the mud. The rosy color is brighter during the mating season.

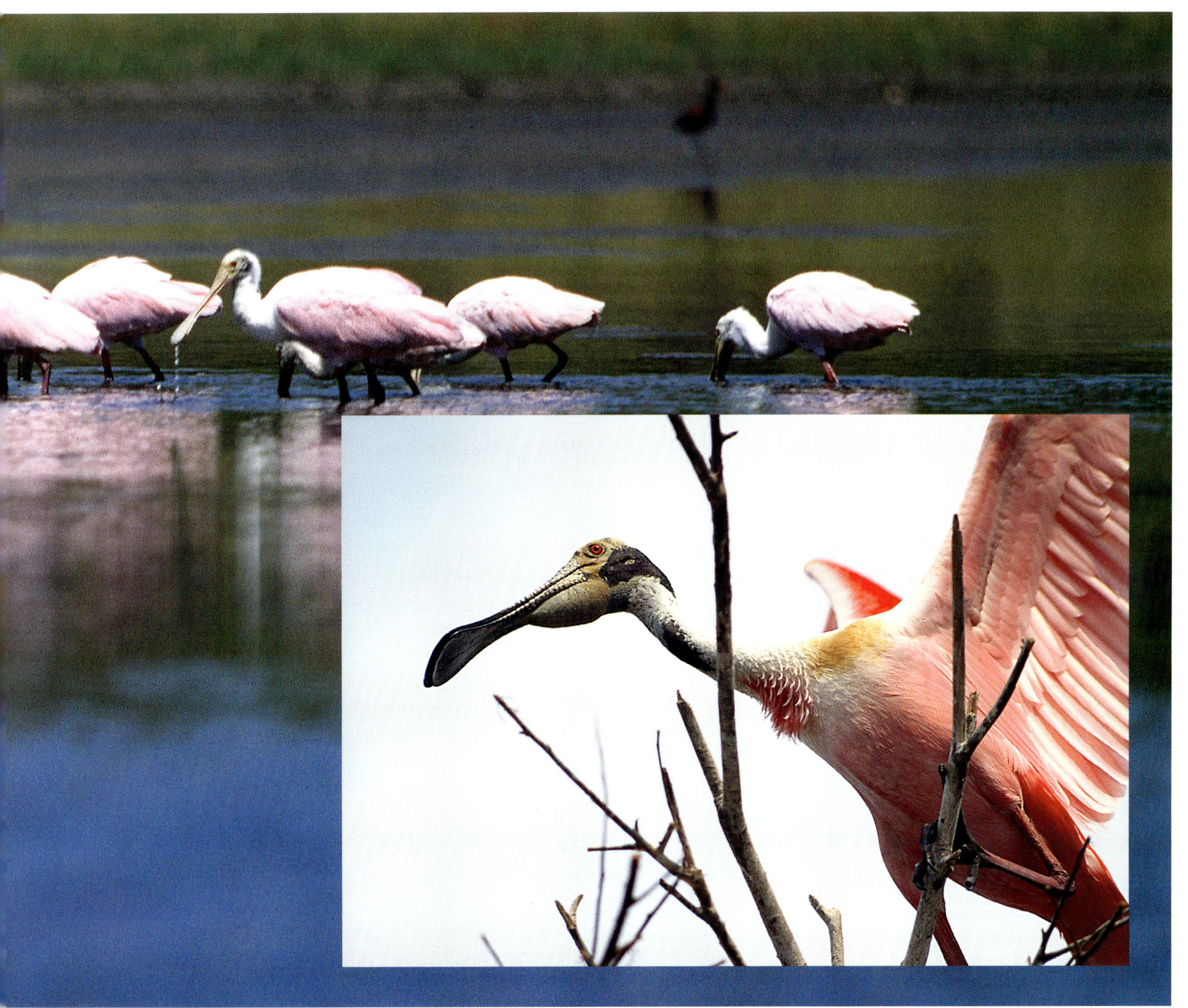

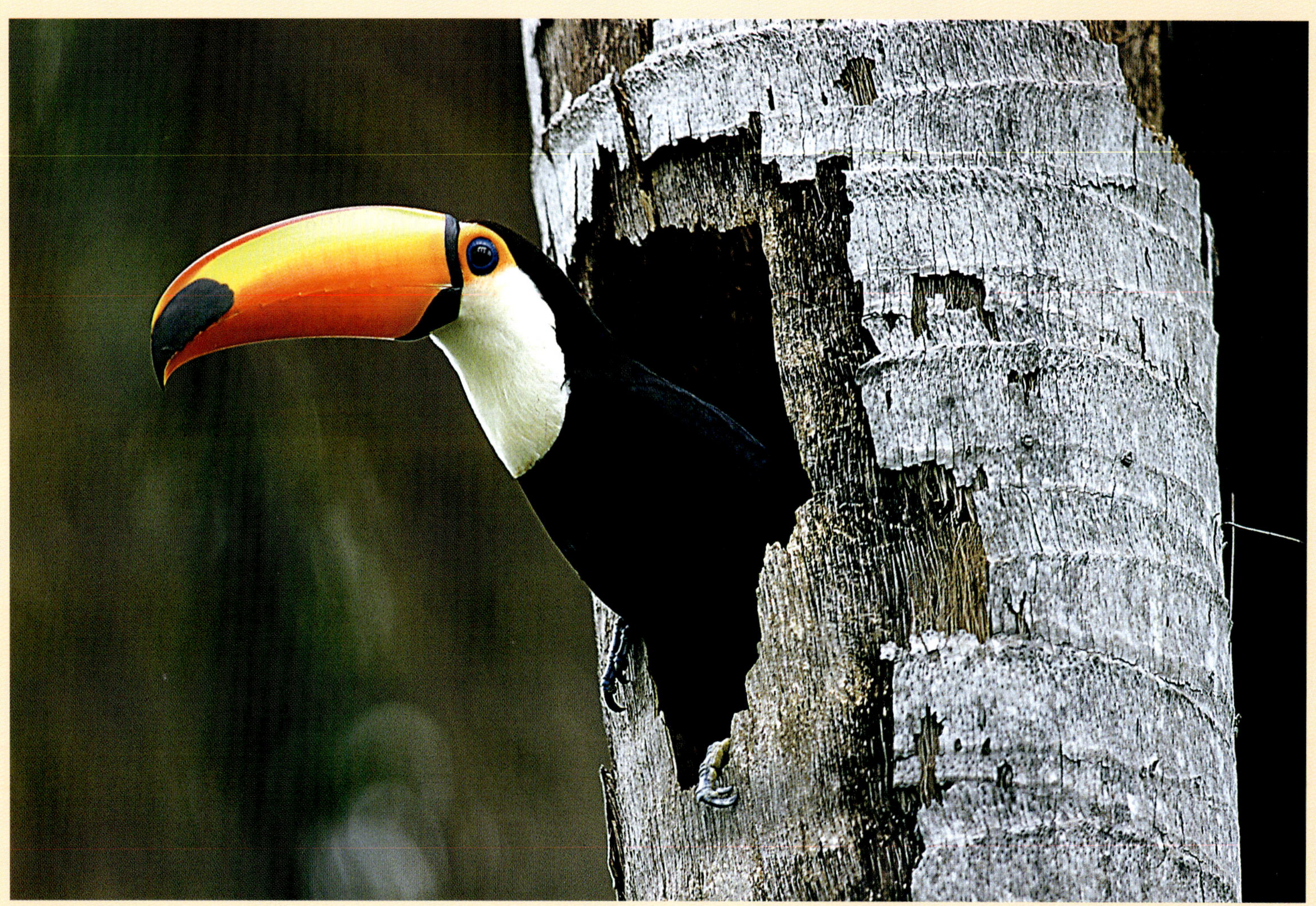

Tucanuçu
(Ramphastos toco)
Toco Toucan

Para nidificar, o tucanuçu aproveita buracos já existentes em árvores e palmeiras, naturais ou cavados por pica-paus. Sua população é limitada pela escassez de ocos.

To nest, the toco toucan uses natural holes, or those made by woodpeckers in trees and coconut palms. Its population is limited by the lack of hollow places.

Murucututu
(Pulsatrix perspicillata)
Spectacled Owl

Apesar dos grandes olhos, as corujas não enxergam bem na escuridão total, e voam ao crepúsculo ou em noites de luar. O murucututu caça até de dia.

Despite their large eyes, owls do not see well in total darkness, so they fly at dawn or nightfall, or on moonlight nights. The spectacled owl even hunts in the daytime.

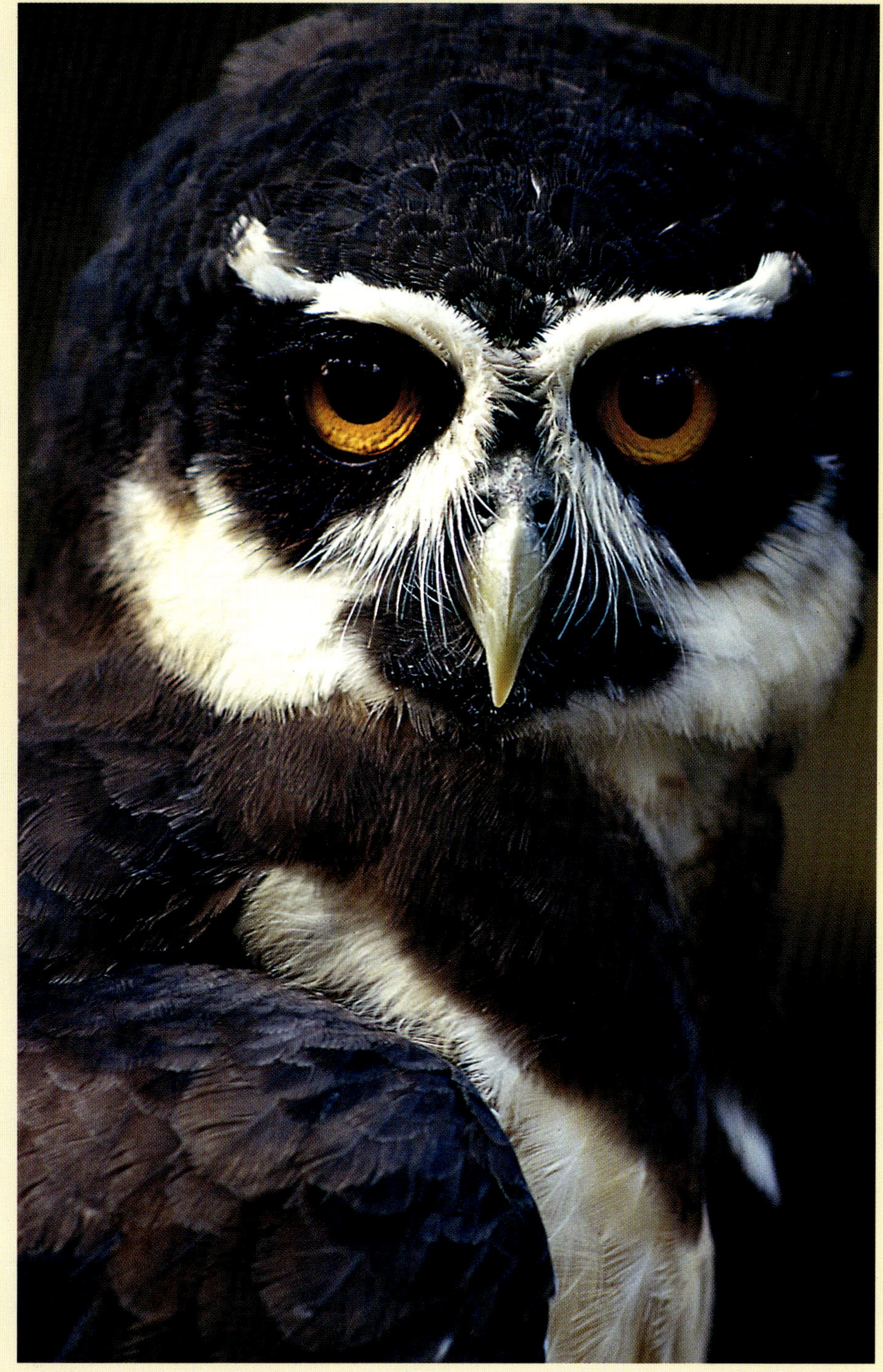

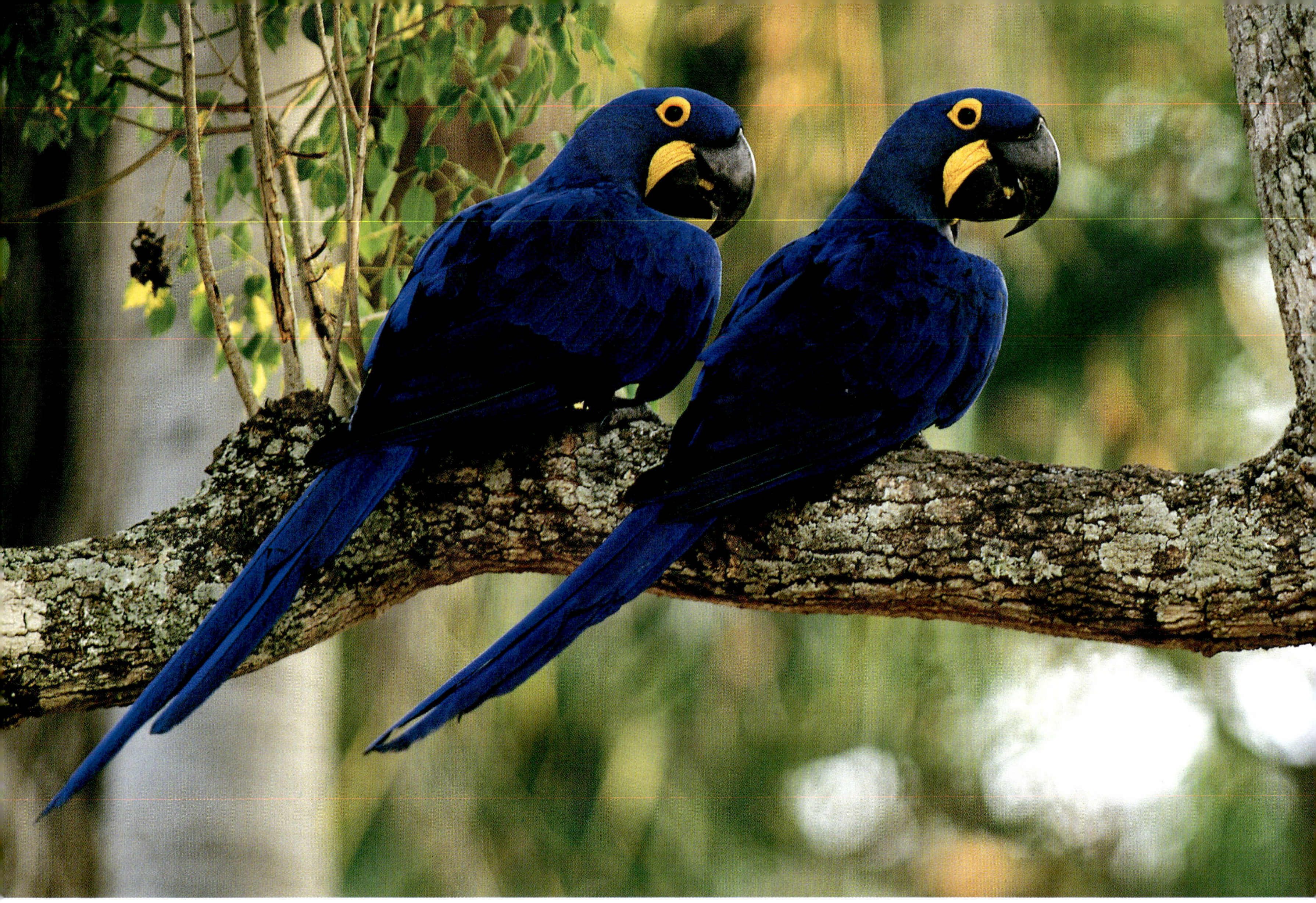

Arara-azul
(Anodorhynchus hyacinthinus)
Hyacinth Macaw

Os psitacídeos formam casais pela vida toda, como a arara-azul, espécie ameaçada de extinção cujos bandos ainda podem ser vistos nos céus do Pantanal. O bico poderoso é necessário para quebrar a casca de seus alimentos preferidos, os coquinhos das palmeiras acuri e bocaiúva.

The psittacidae form pairs for a lifetime, like the hyacinth macaw, which is an endangered species and whose flocks can still be seen in the skies of the Pantanal. Its powerful beak is needed for breaking the shells of its favorite foods, namely, the tiny nuts of the acuri *and* bocaiuva *palm trees.*

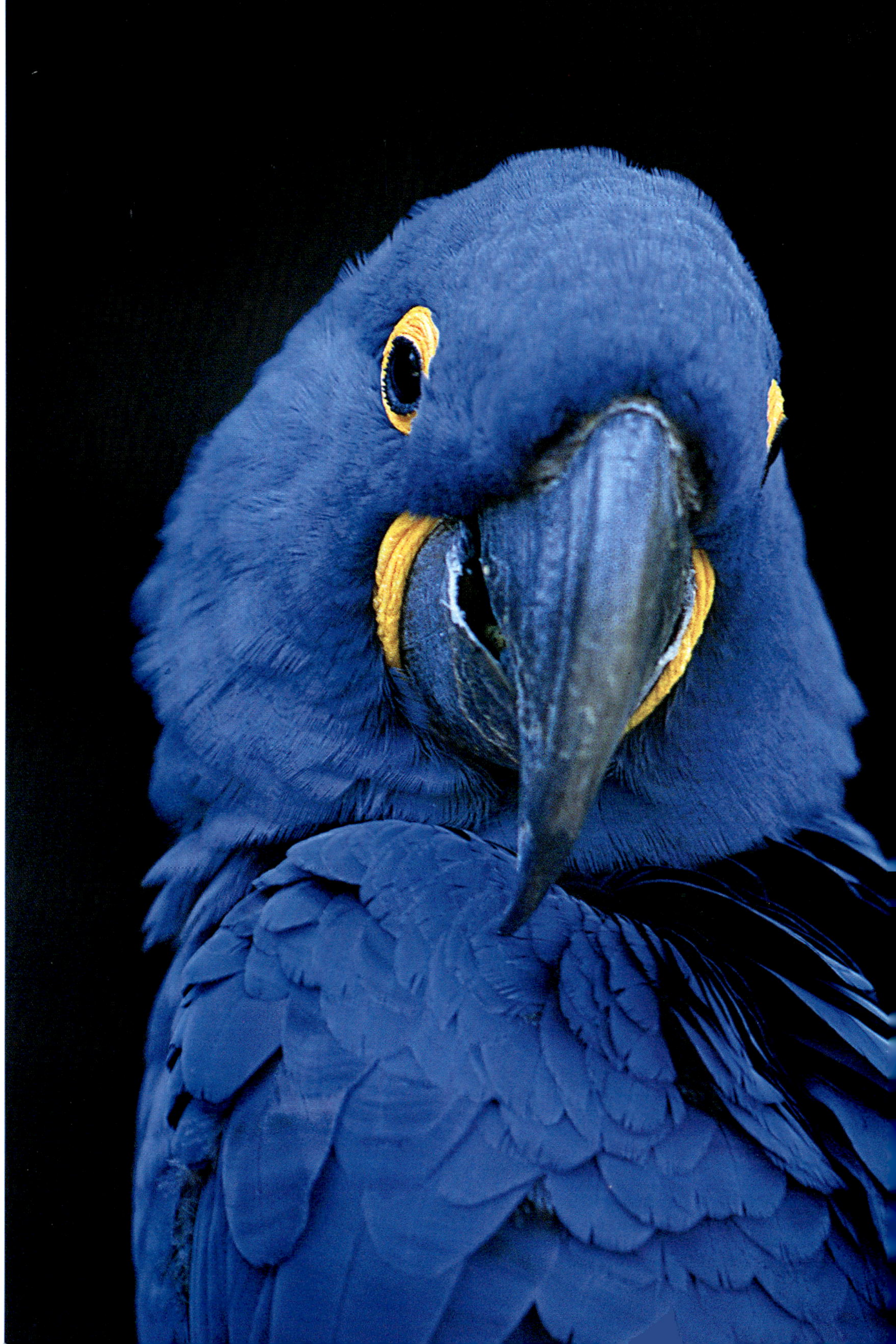

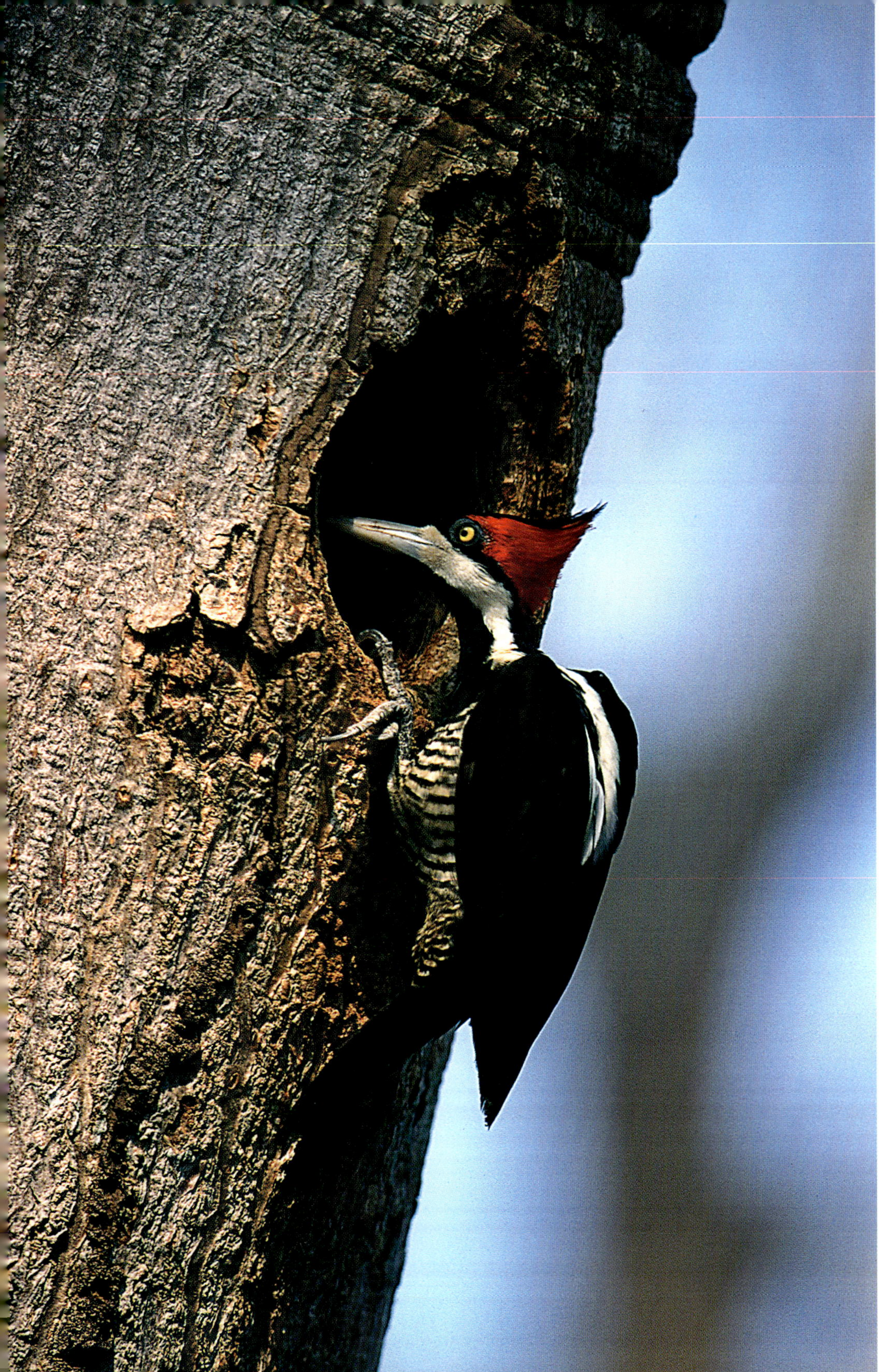

Pica-pau-de-topete-vermelho
(Dryocopus lineatus)
Lineated Woodpecker

O pica-pau-de-topete-vermelho escava seu ninho em troncos mortos ou de madeira mole. Depois de desocupado, o oco pode ser usado por outras aves.

The lineated woodpecker carves out its nest in the trunks of dead or softwood trees. After it is abandoned, the hole may be used by other birds.

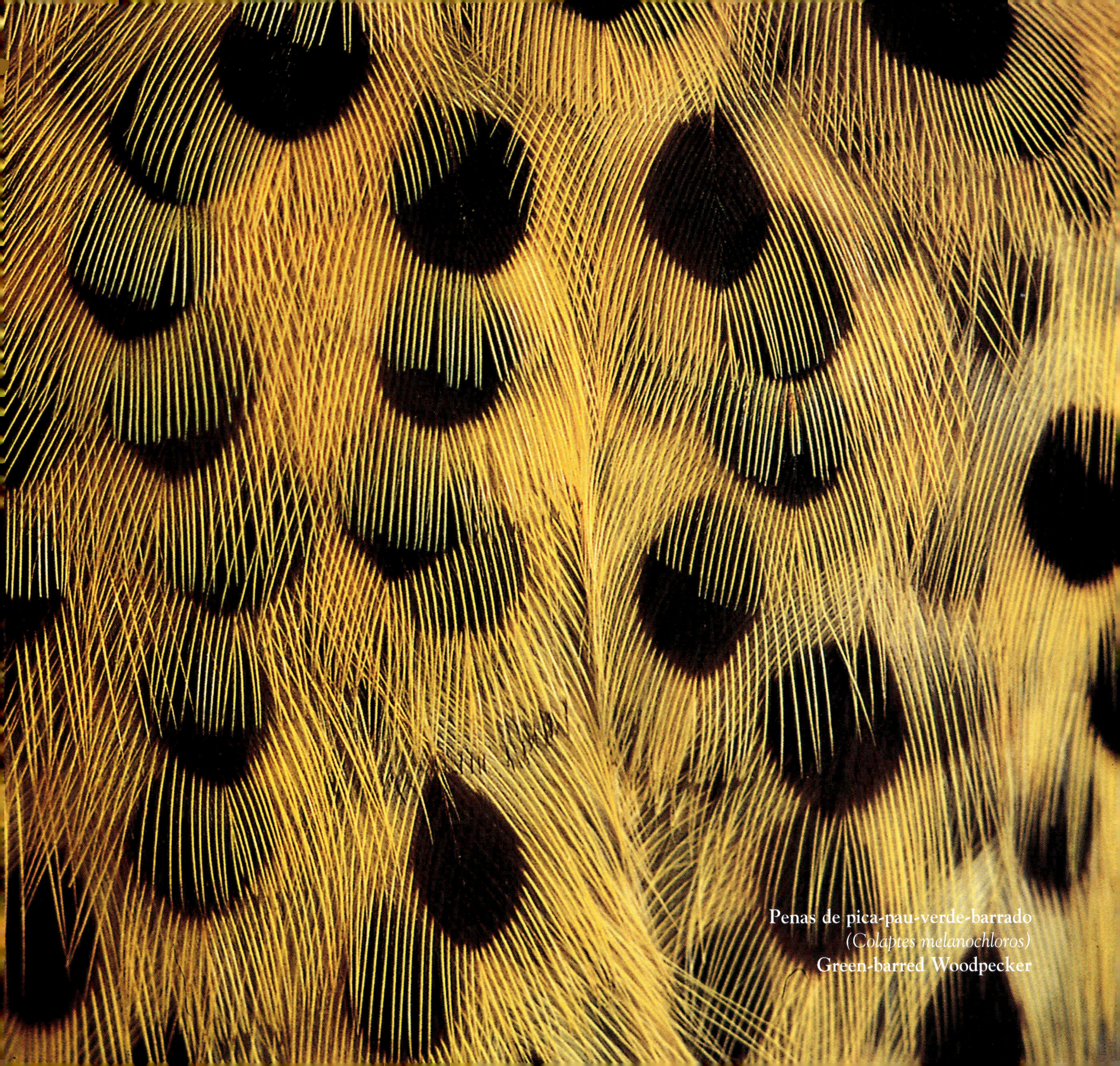

Penas de pica-pau-verde-barrado
(Colaptes melanochloros)
Green-barred Woodpecker

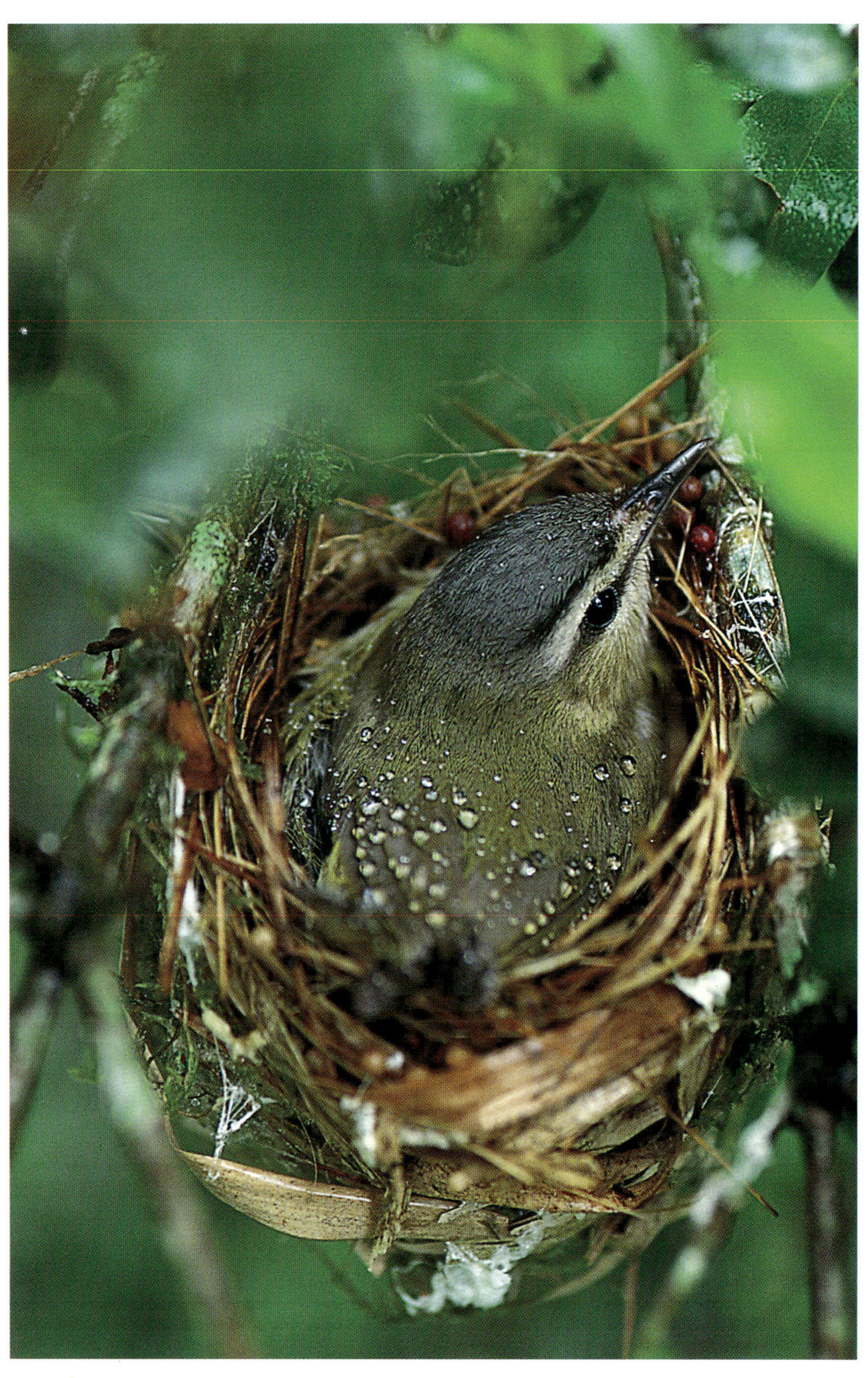

Juruviara
(Vireo olivaceus)
Red-eyed Vireo

Durante o choco, as aves não só mantêm os ovos aquecidos, como protegem a ninhada contra chuvas, vendavais e predadores. O macho e a fêmea da juruviara se revezam na incubação e depois trabalham juntos para alimentar os filhotes.

While hatching their eggs, the birds not only keep them heated, but also protect them against rain, wind and predators. The male and female red-eyed vireos take turns with the incubation process and, then, work together to feed the fledglings.

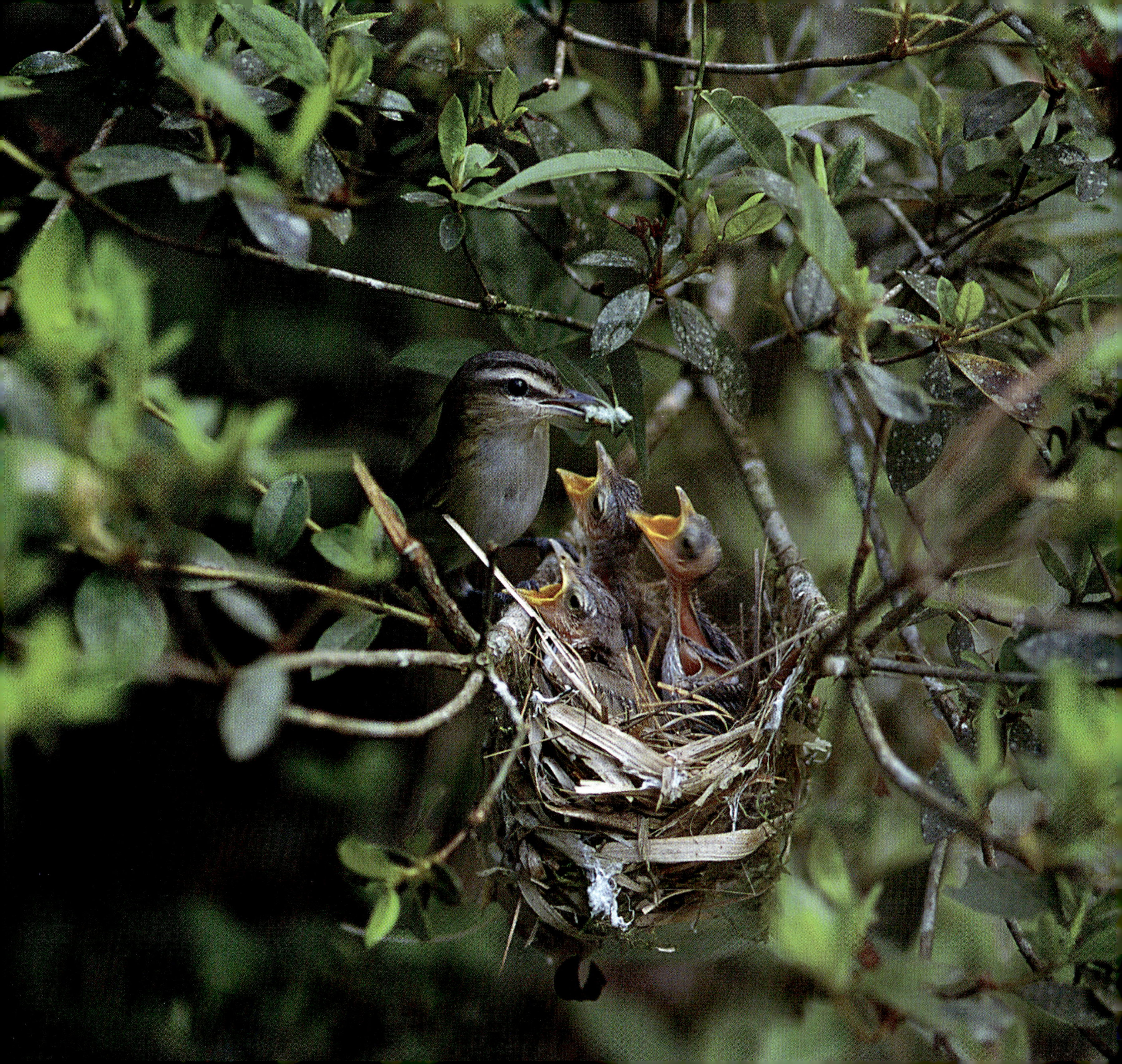

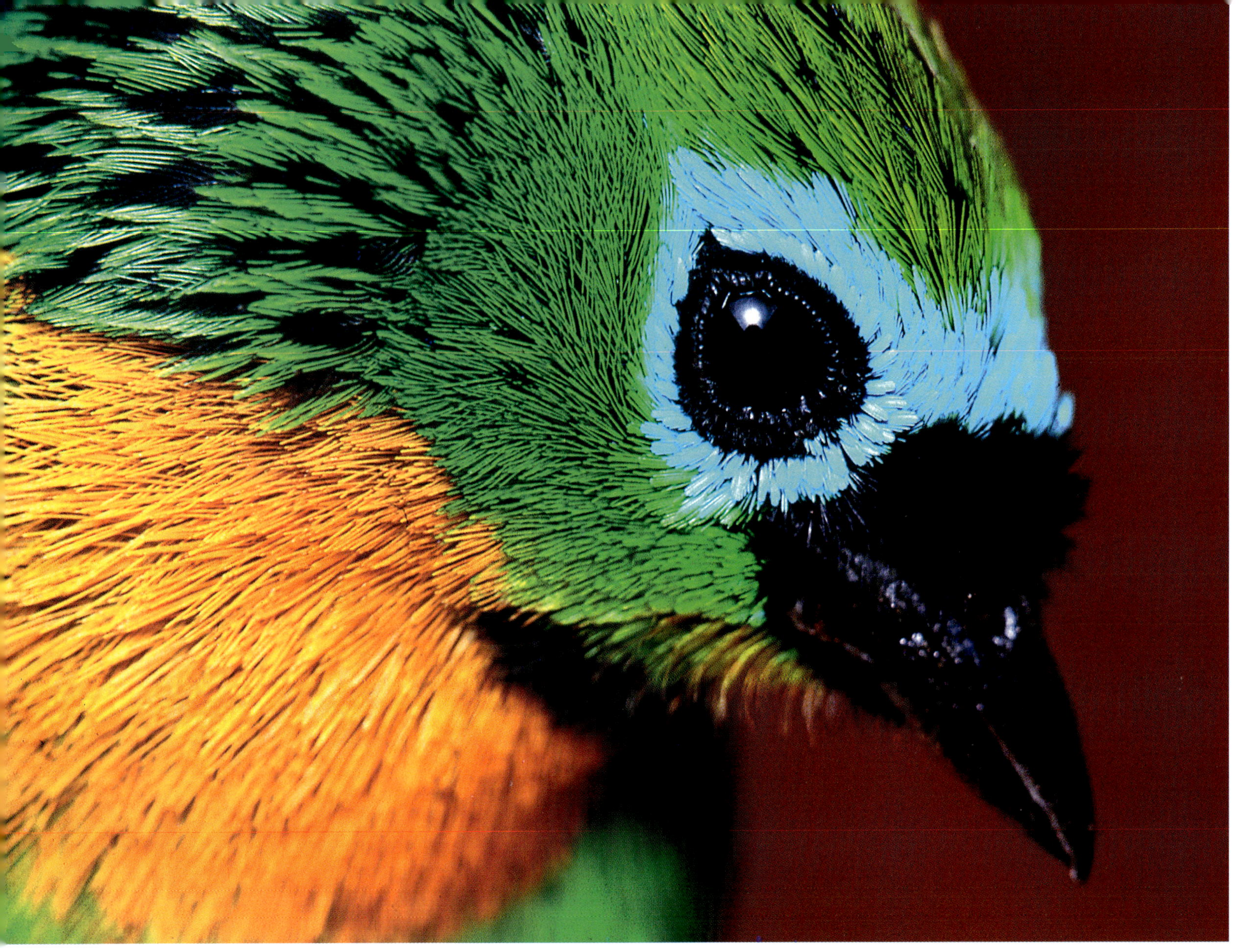

Saíra-lagarta
(Tangara desmaresti)
Brassy-breasted Tanager

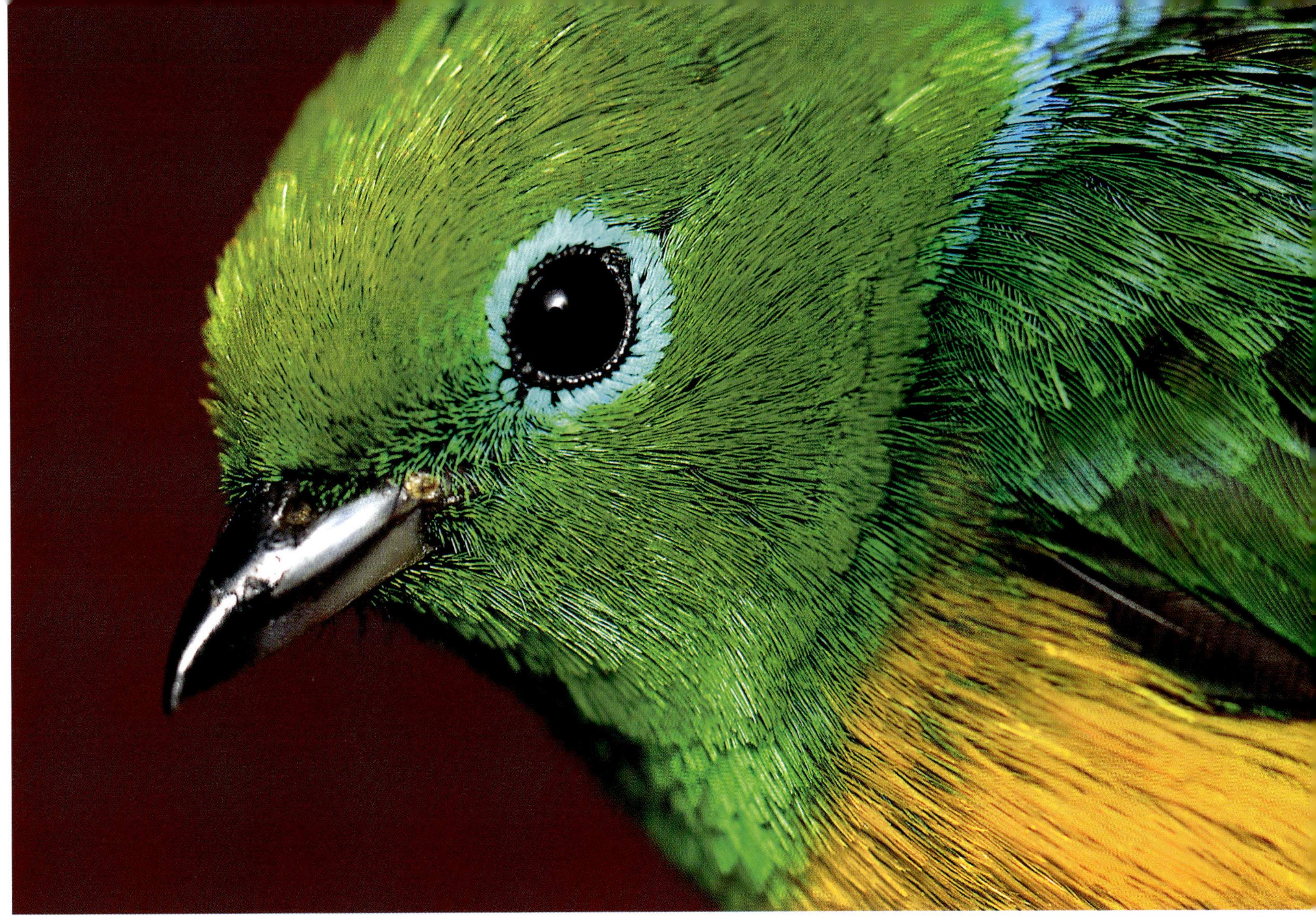

Bonito-do-campo
(Chlorophonia cyanea)
Blue-naped Chlorophonia

A saíra-lagarta e o bonito-do-campo pertencem a um grande grupo de pássaros multicoloridos que se alimentam de frutos silvestres. Quando muitas espécies de saíras, gaturamos, bonitos e saís visitam ao mesmo tempo uma árvore em frutificação em meio à mata, o resultado é um espetáculo de cores.

The brassy-breasted tanager and the blue-naped chlorophonia belong to a large group of multicolored birds who feed on wild fruits. When many species of tanagers, euphonias, chlorophonias and honey creepers go to a fruit bearing tree at the same time in the middle of the forest, the result is a colorful show.

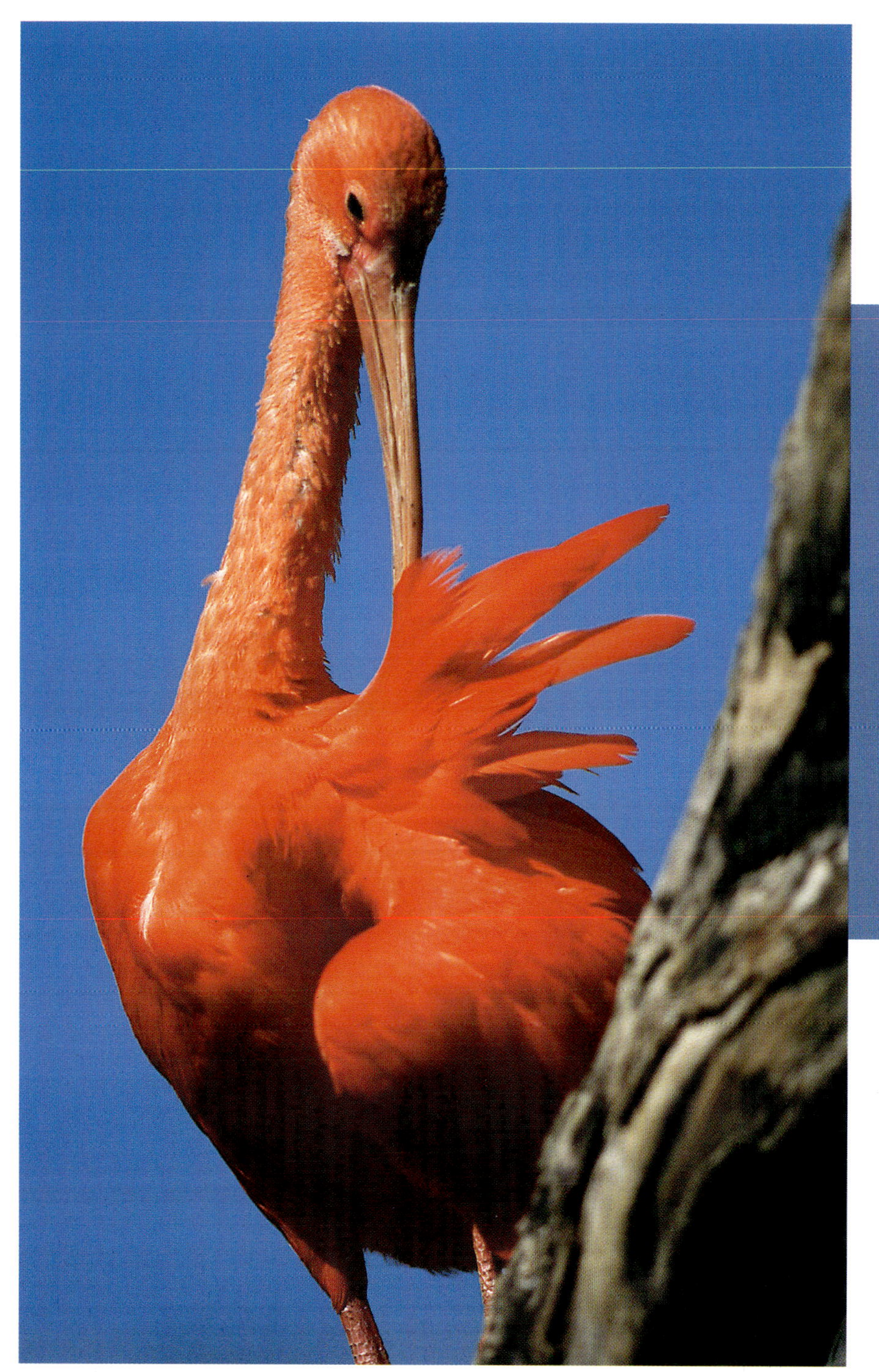

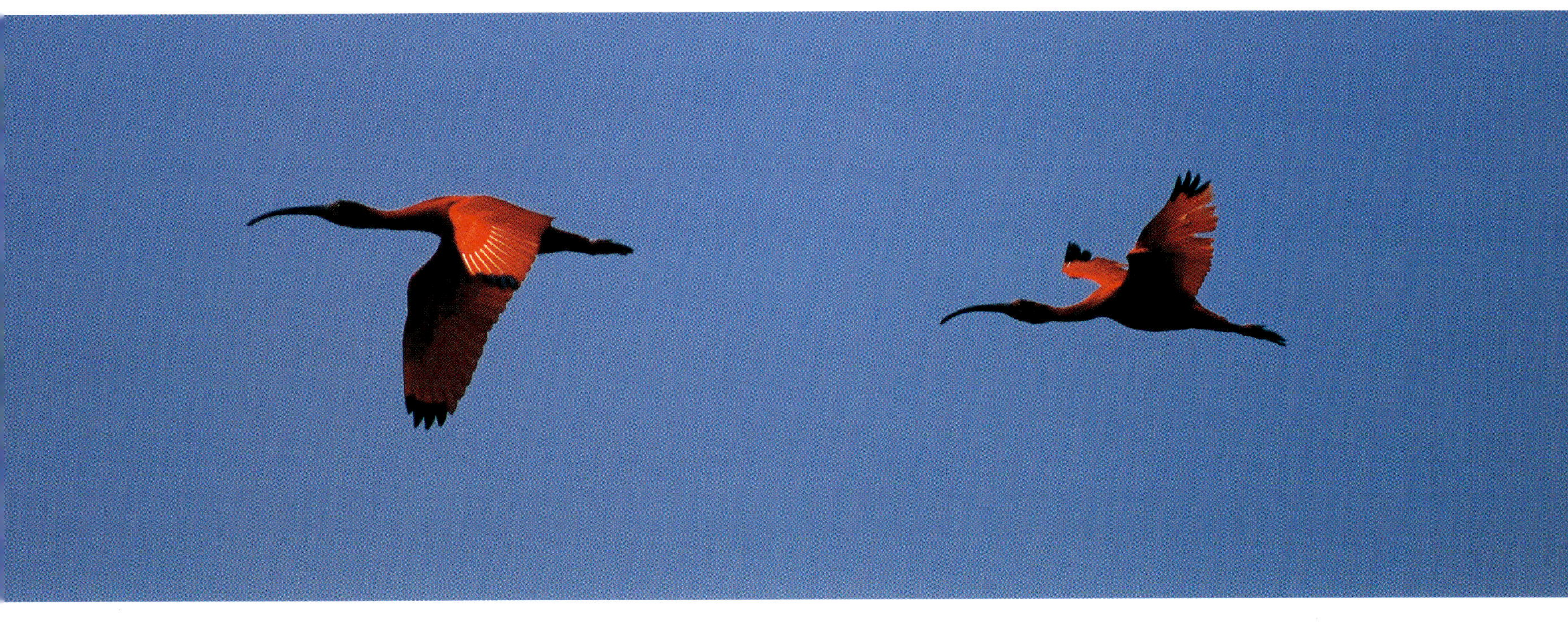

Guará-vermelho
(Eudocimus ruber)
Scarlet Ibis

A cor do guará-vermelho vem de uma substância presente nos caranguejos de que se alimenta. Em cativeiro, ele desbota e perde o colorido vibrante. Habita os manguezais da costa brasileira. Todos os dias, voa em bandos até os lodaçais expostos pela maré baixa, para se alimentar.

The coloring of the scarlet ibis comes from a substance present in the crabs which they eat. In captivity, they fade and lose the bright coloring. They live in the mangroves along the coast of Brazil. Every day, they flock to the mud flats exposed by the low tide, to feed.

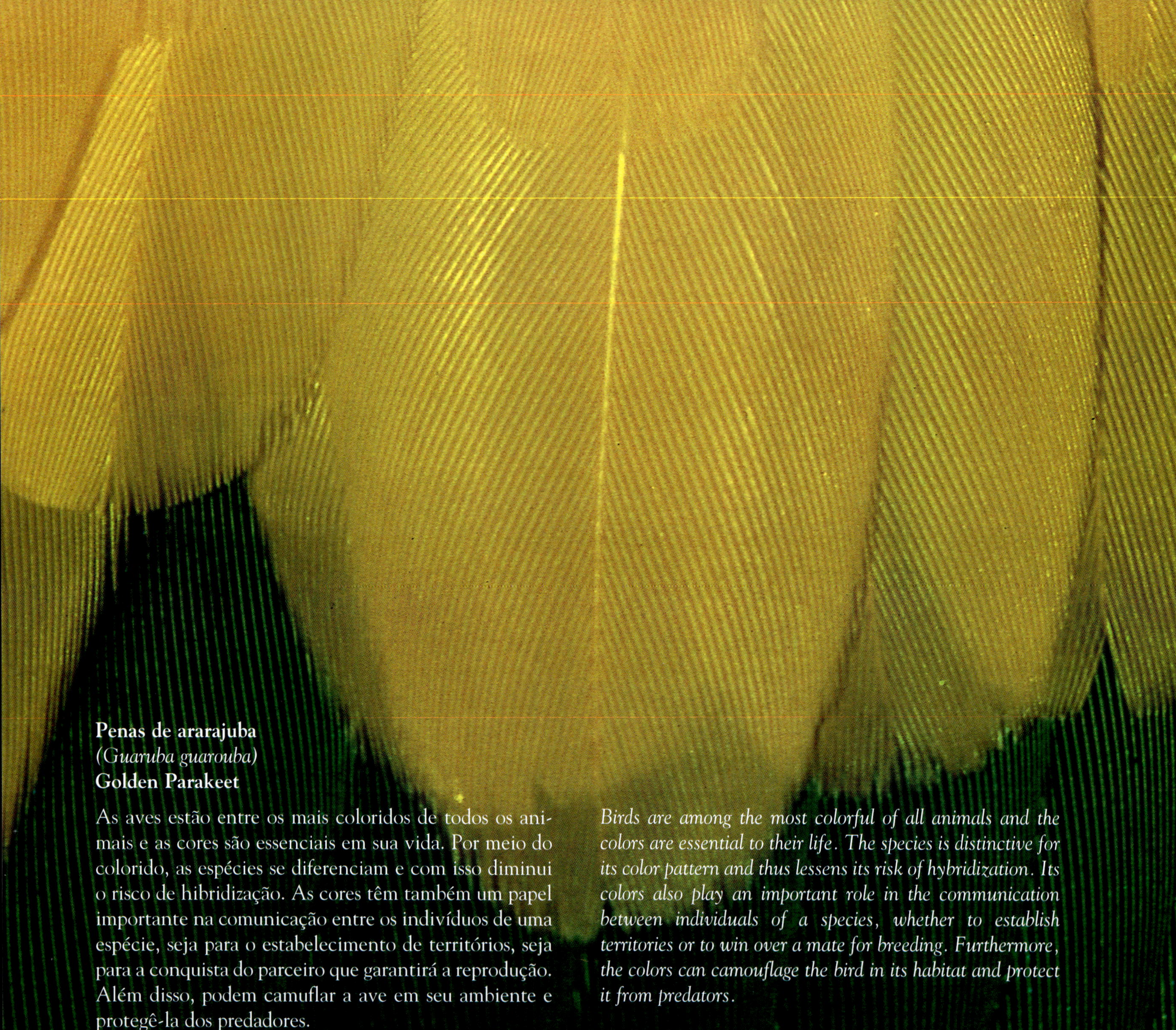

Penas de ararajuba
(Guaruba guarouba)
Golden Parakeet

As aves estão entre os mais coloridos de todos os animais e as cores são essenciais em sua vida. Por meio do colorido, as espécies se diferenciam e com isso diminui o risco de hibridização. As cores têm também um papel importante na comunicação entre os indivíduos de uma espécie, seja para o estabelecimento de territórios, seja para a conquista do parceiro que garantirá a reprodução. Além disso, podem camuflar a ave em seu ambiente e protegê-la dos predadores.

Birds are among the most colorful of all animals and the colors are essential to their life. The species is distinctive for its color pattern and thus lessens its risk of hybridization. Its colors also play an important role in the communication between individuals of a species, whether to establish territories or to win over a mate for breeding. Furthermore, the colors can camouflage the bird in its habitat and protect it from predators.

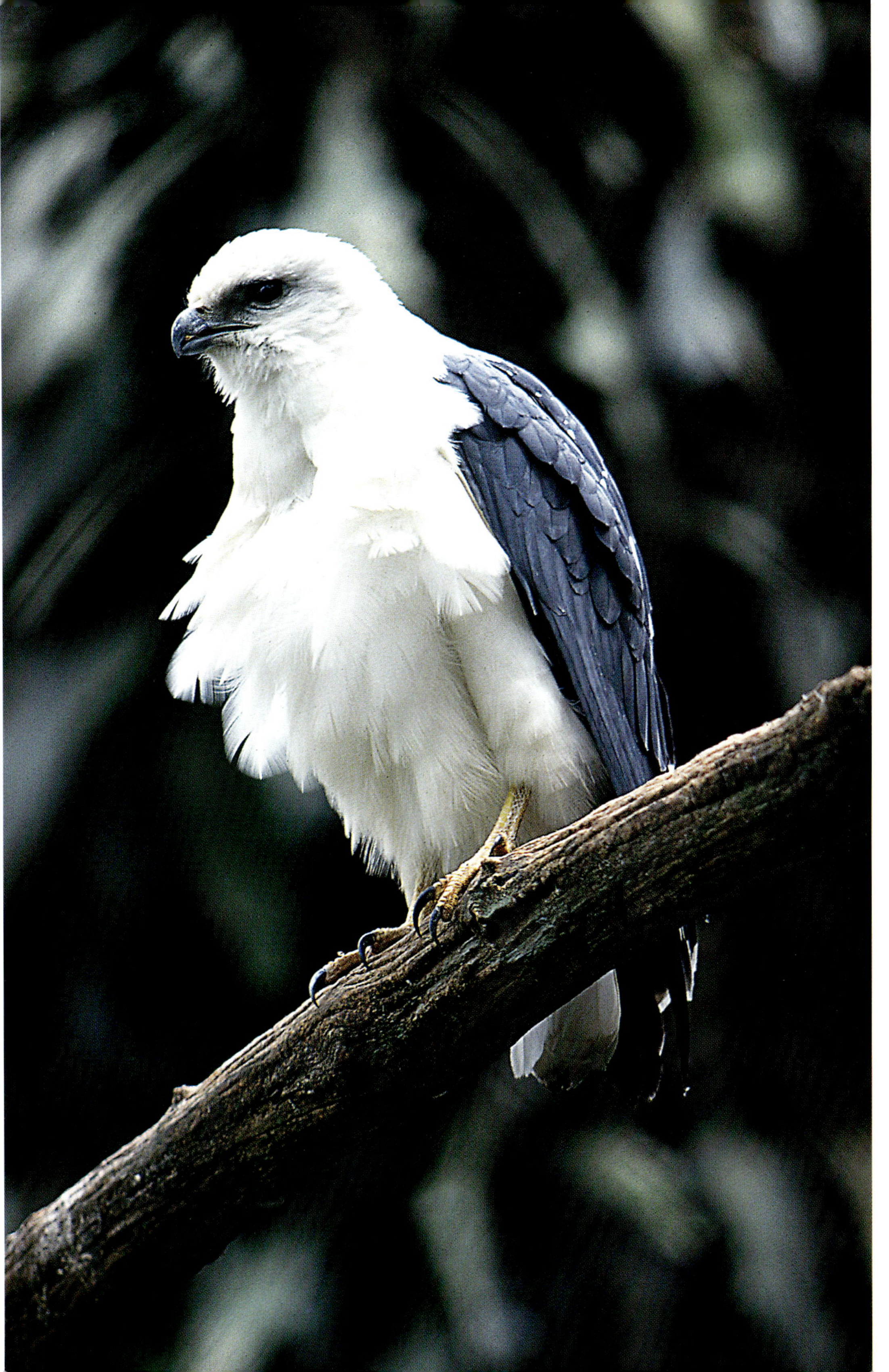

Gavião-pomba-grande
(Leucopternis polionota)
Mantled Hawk

O gavião-pomba-grande é uma espécie florestal típica de áreas montanhosas. Está ameaçado de extinção devido à destruição da mata atlântica.

The mantled hawk is a forest species typical of mountainous areas. It is endangered because of the destruction of the Atlantic rain forest.

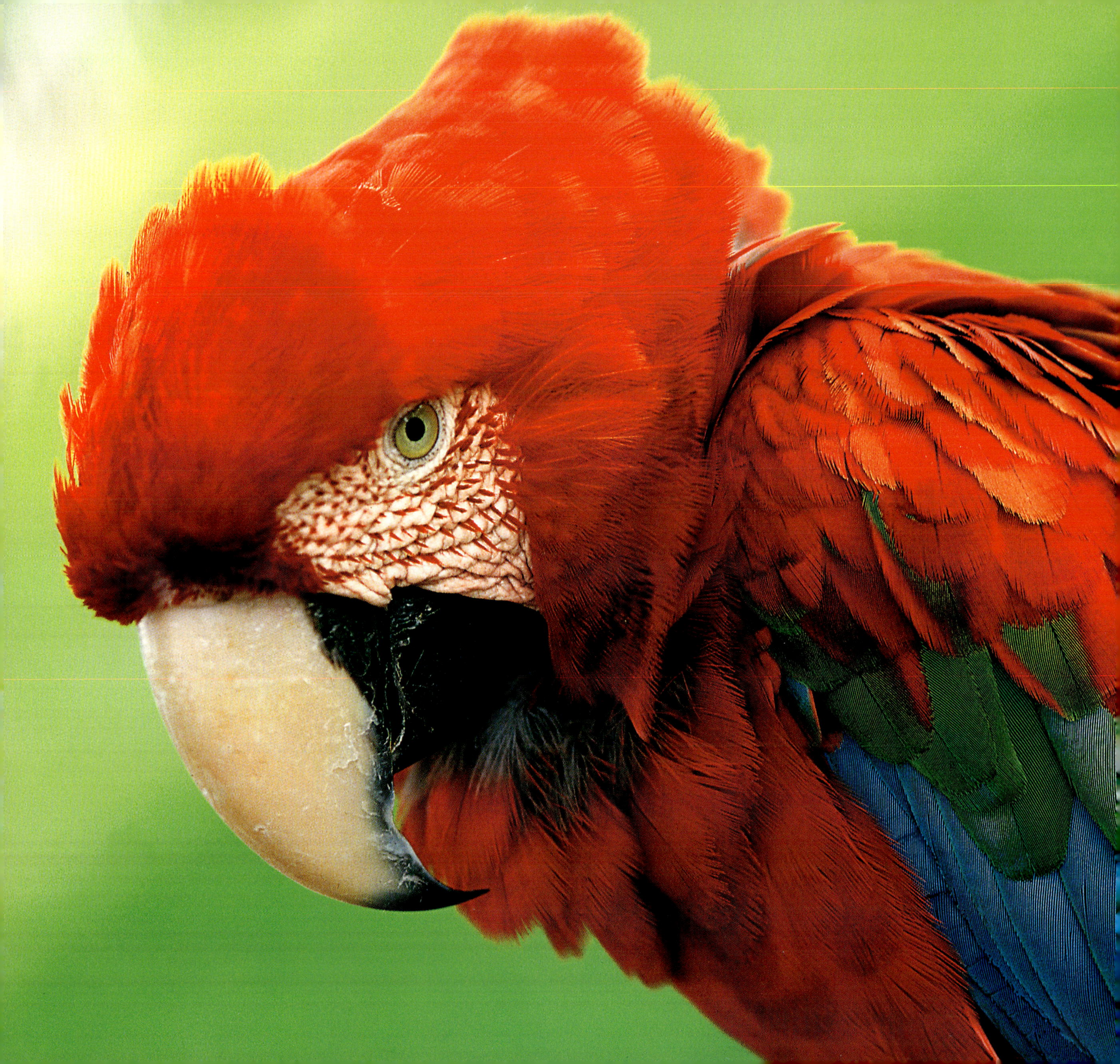

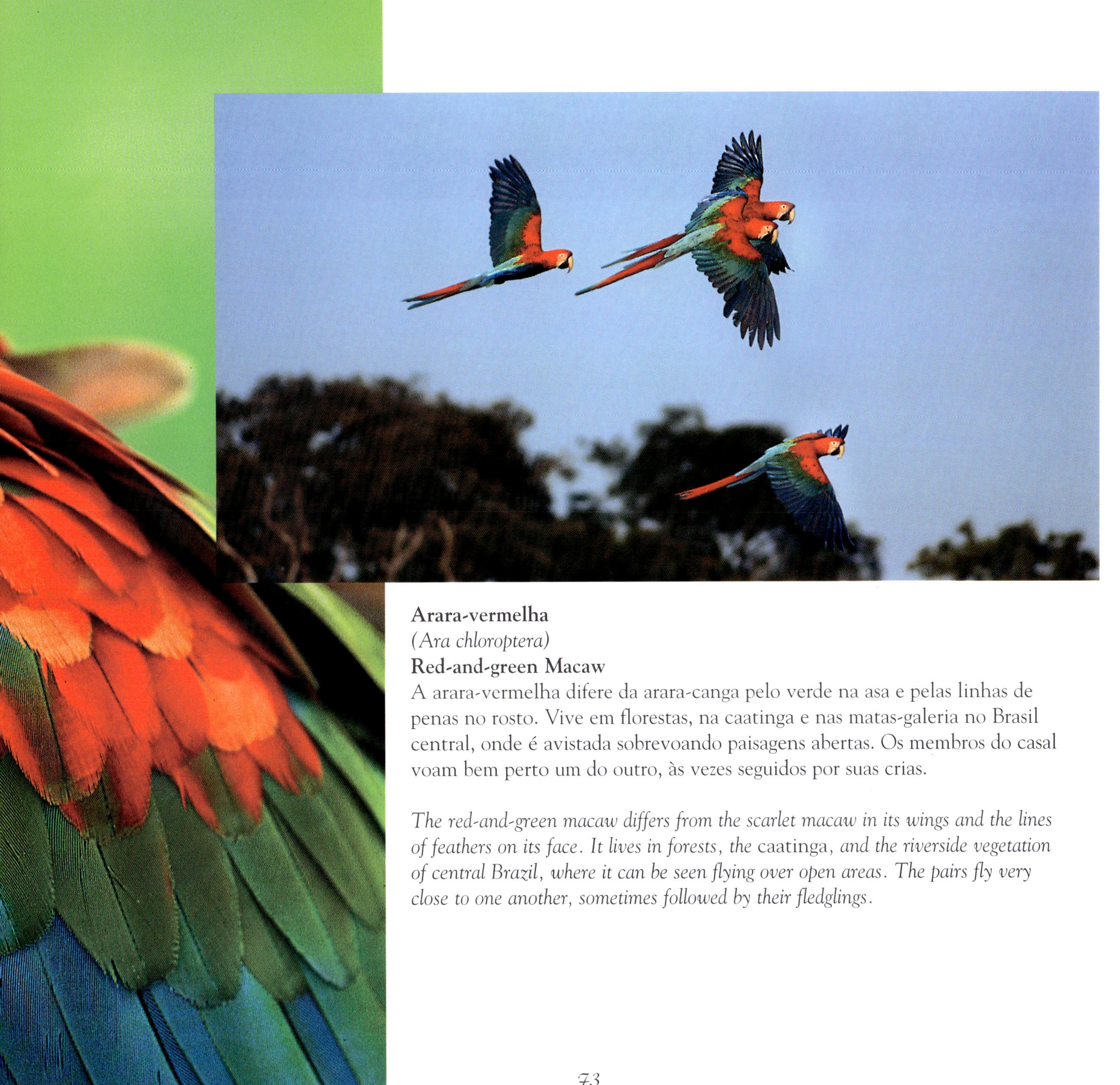

Arara-vermelha
(Ara chloroptera)
Red-and-green Macaw
A arara-vermelha difere da arara-canga pelo verde na asa e pelas linhas de penas no rosto. Vive em florestas, na caatinga e nas matas-galeria no Brasil central, onde é avistada sobrevoando paisagens abertas. Os membros do casal voam bem perto um do outro, às vezes seguidos por suas crias.

The red-and-green macaw differs from the scarlet macaw in its wings and the lines of feathers on its face. It lives in forests, the caatinga, *and the riverside vegetation of central Brazil, where it can be seen flying over open areas. The pairs fly very close to one another, sometimes followed by their fledglings.*

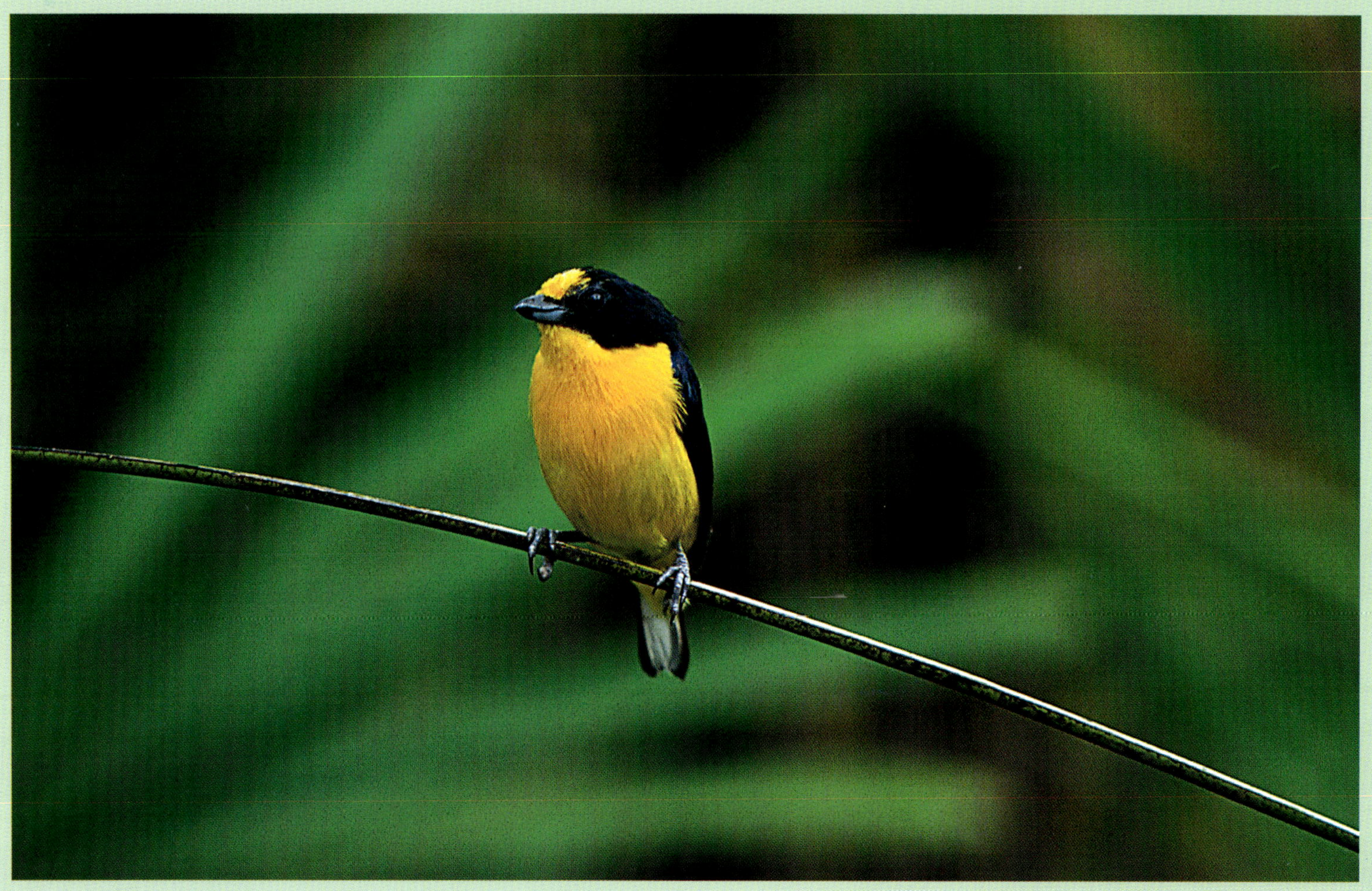

Gaturamo-verdadeiro
(Euphonia violacea)
Violaceus Euphonia

No Brasil há treze espécies de gaturamos, pássaros pequenos e coloridos que comem apenas frutos. O gaturamo-verdadeiro é reconhecido pela testa amarela, terminando antes dos olhos, e pelo amarelo das partes inferiores, que chega à base do bico. A fêmea é verde.

Brazil has thirteen species of euphonias – small colorful birds that eat only fruit. The violaceus euphonia is recognized by its yellow forehead, ending just above the eyes, and the yellow underside that reaches to the base of the beak. The female is green.

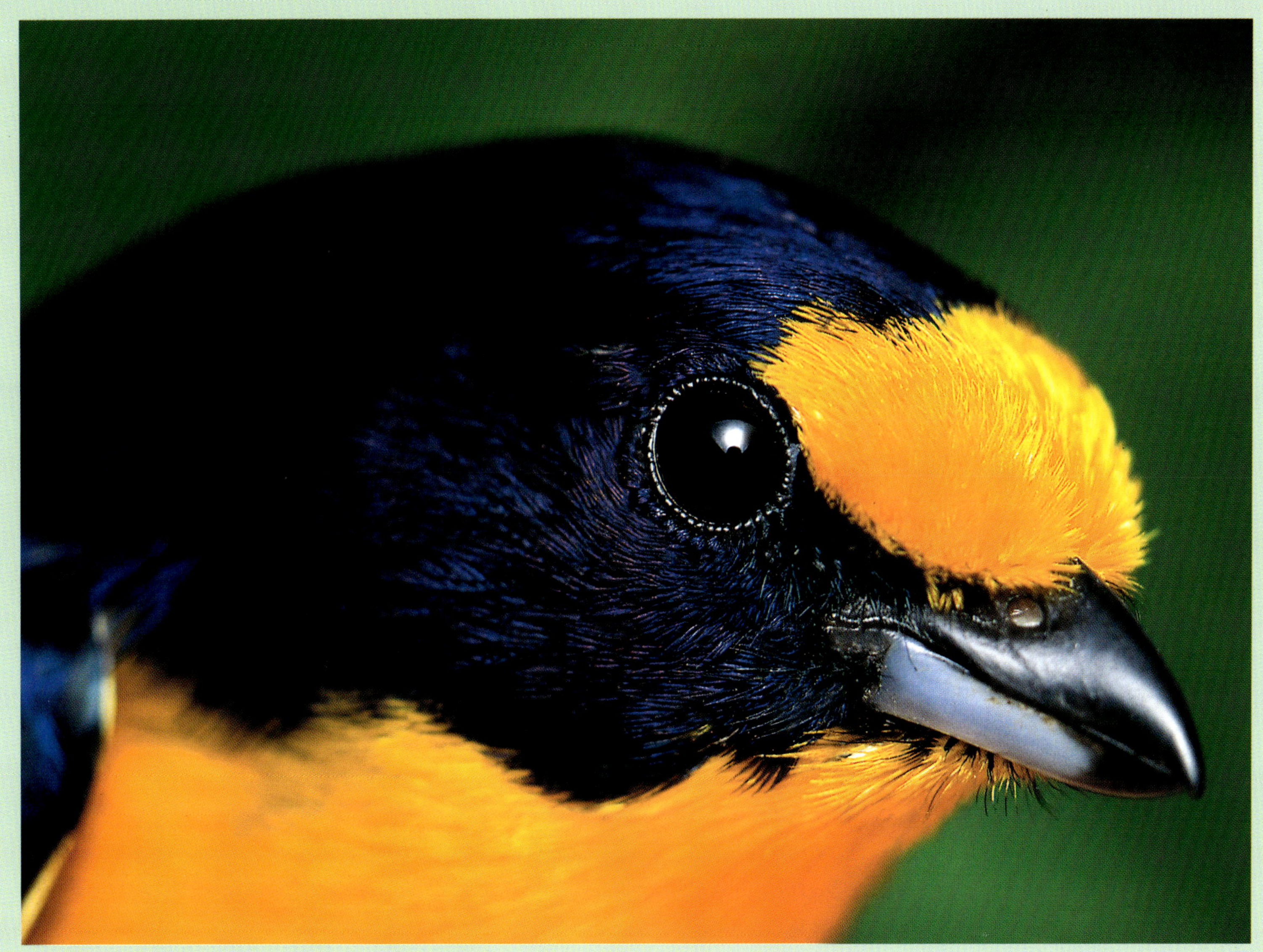

Uiratatá
(Phoenicircus carnifex)
Guianan Red Cotinga

O uiratatá é uma espécie amazônica que vive no sub-bosque da floresta. Em tupi, seu nome significa "ave de fogo", por causa do colorido vivo.

The guianan red cotinga is an Amazon species that lives in the forest undergrowth. In Tupy-Guarany, its name means "fire bird", because of its bright coloring.

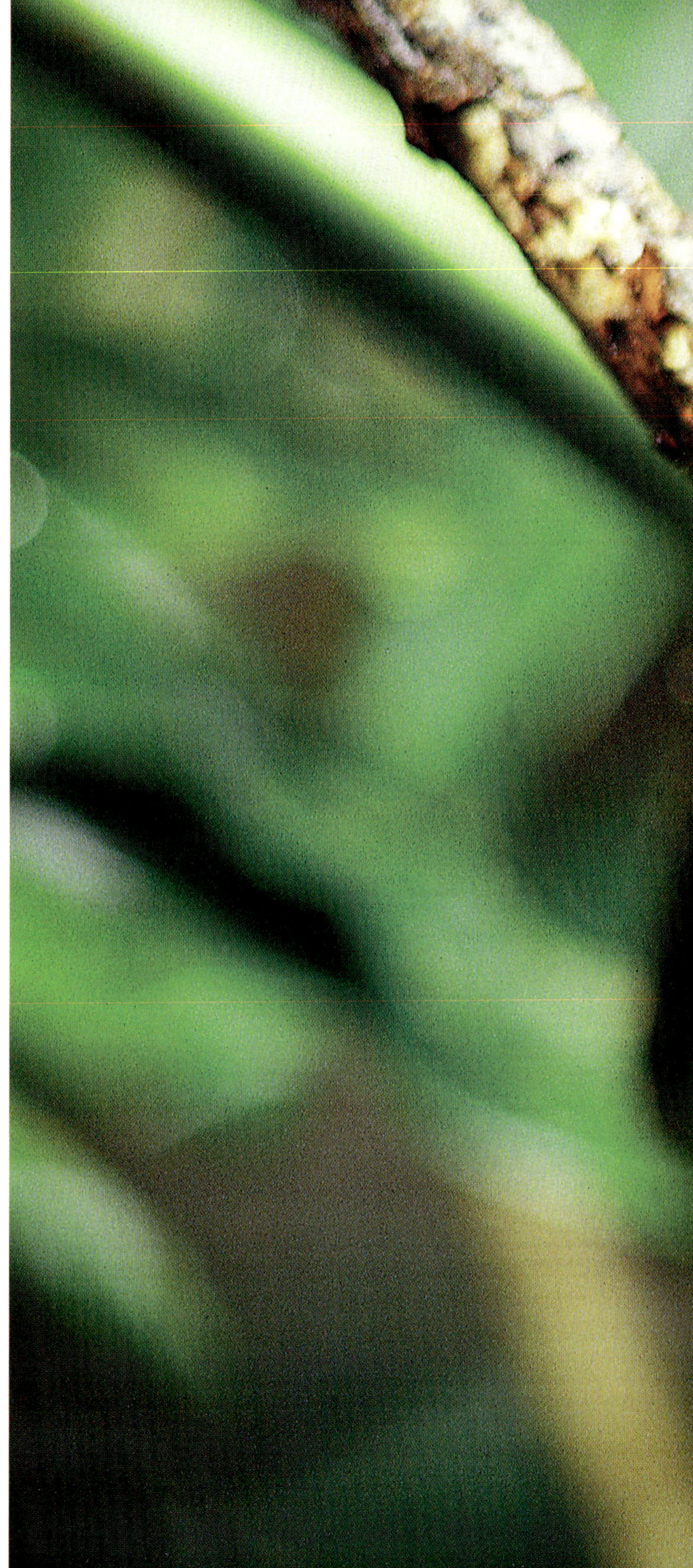

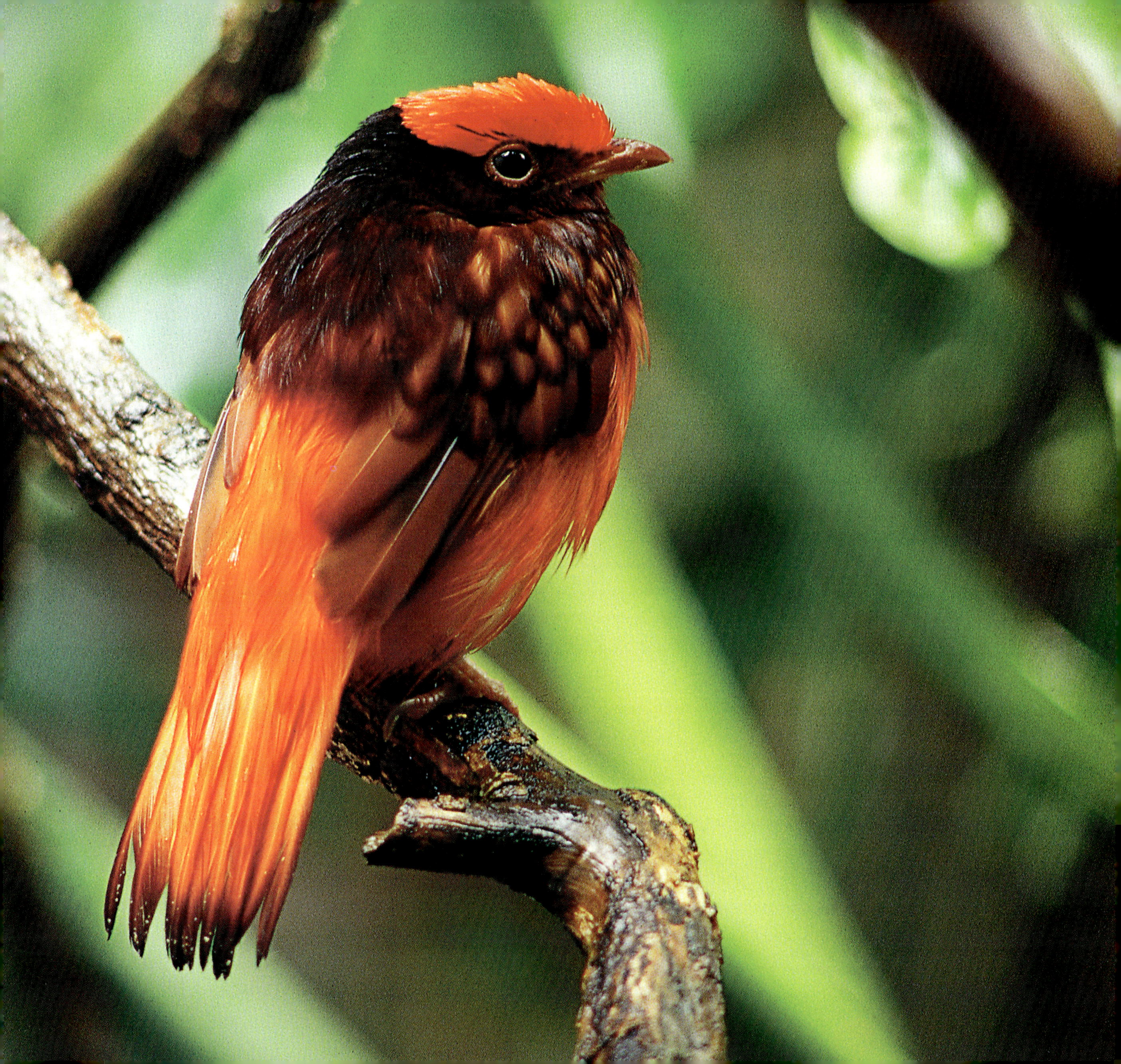

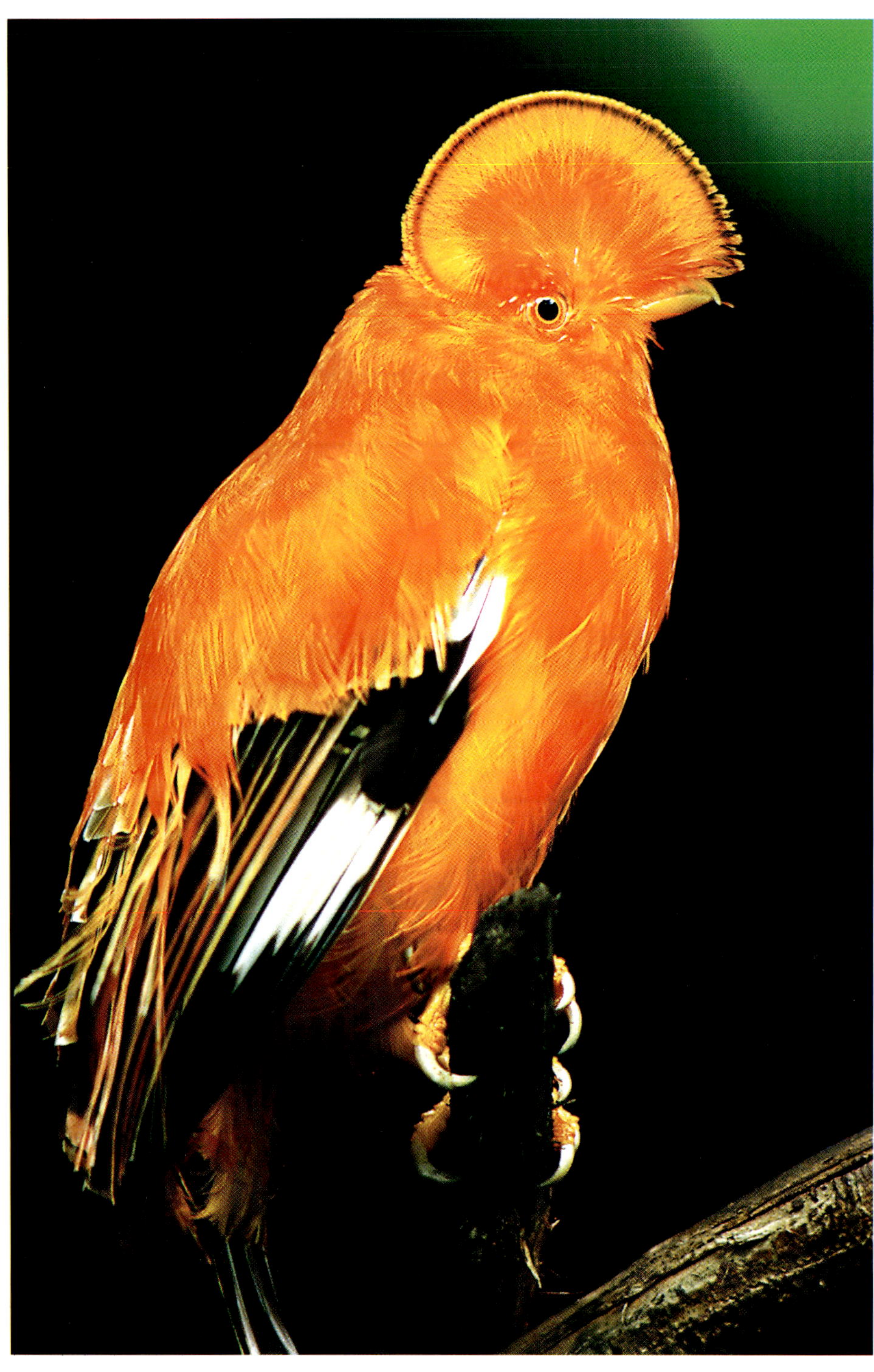

Galo-da-serra
(Rupicola rupicola)
Guianan Cock-of-the-rock

O colorido forte e o formato incomum da crista garantem ao galo-da-serra um lugar de destaque entre as aves brasileiras. Só o macho tem essa aparência vistosa, que usa para conquistar a fêmea. Dezenas de machos podem se reunir em danças coletivas nas quais disputam entre si o direito de acasalar-se.

The bright color and unusual shape of its crest guarantee that the guianan cock-of-the-rock stands out among Brazilian birds. Only the male has this showy appearance, that it uses to win over the female. Dozens of males might gather in group dances, where they compete for the right to mate.

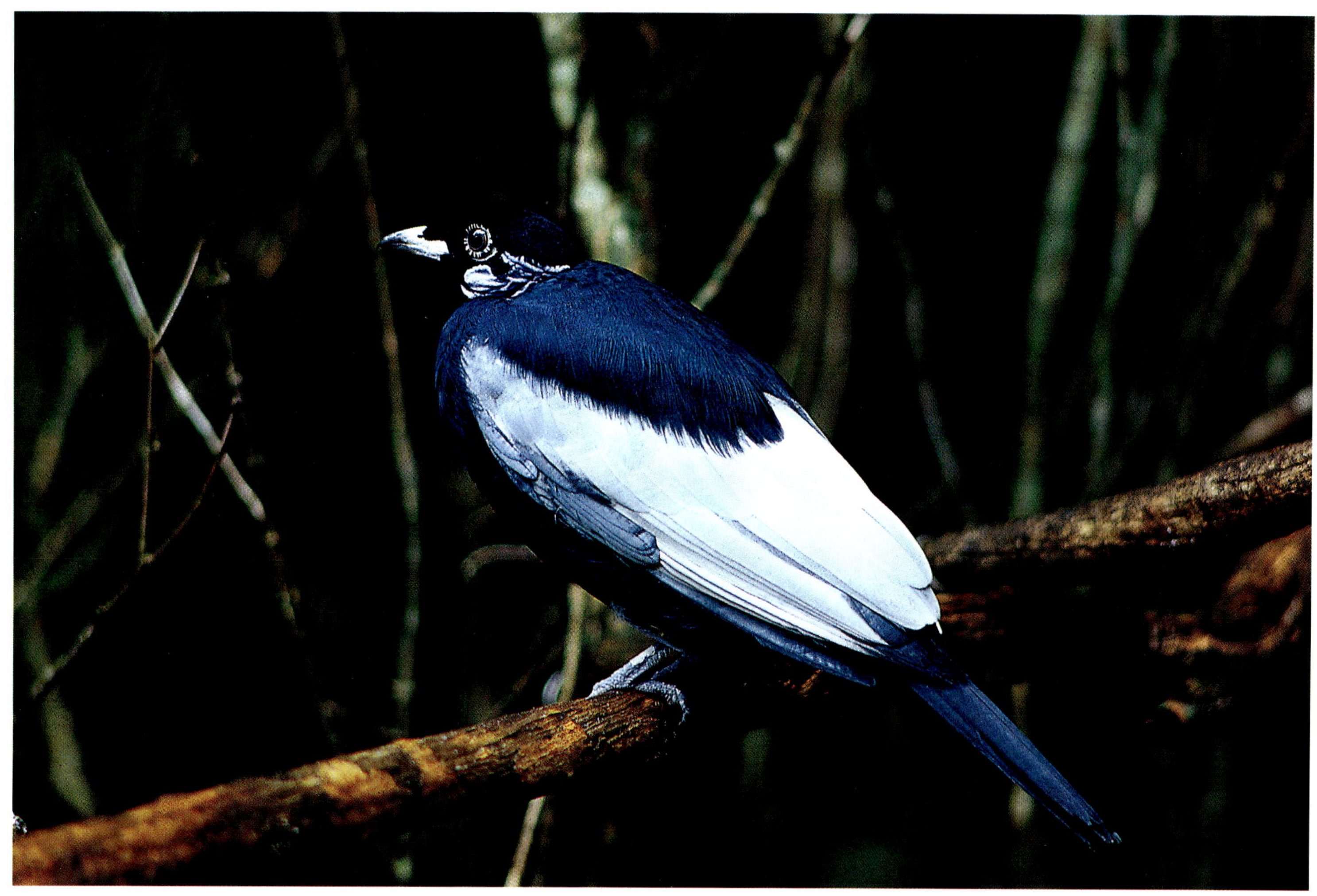

Anambé-pombo
(Gymnoderus foetidus)
Black-faced Cotinga

O anambé-pombo é um pássaro amazônico que vive no alto da floresta, onde se alimenta de frutos. Seus bandos são avistados quando sobrevoam rios.

The bare-necked fruit crow is an Amazon bird that lives in the treetops of the forest, where it eats fruit. Its flocks are seen when they fly over rivers.

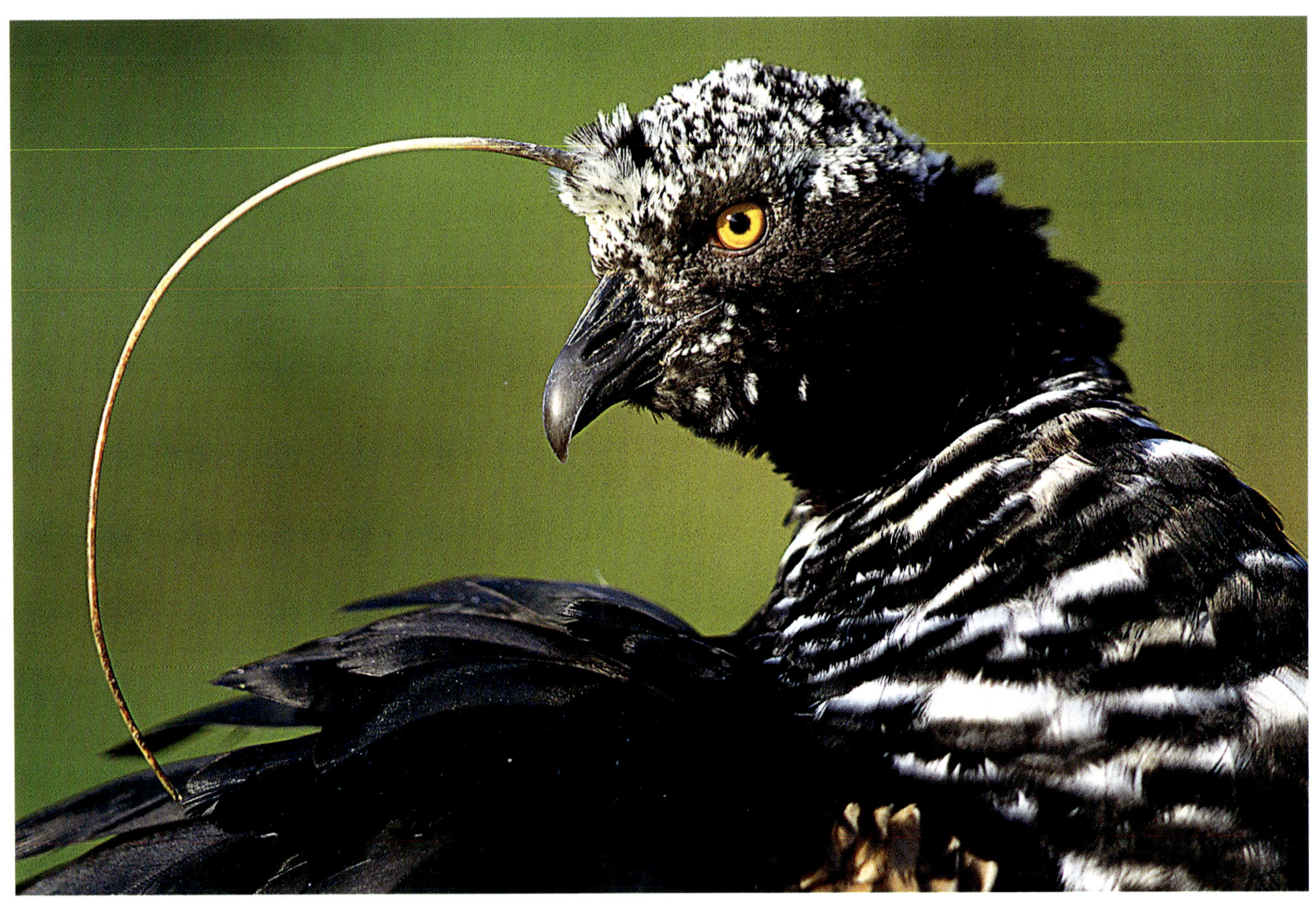

Anhuma
(Anhima cornuta)
Horned Screamer

O longo "chifre" da anhuma é na verdade uma pena muito modificada. Por sua causa, na Amazônia a ave é conhecida como alencó ou licorne, corruptelas de unicórnio.

The long "horn" of the screamer is actually a very modified feather. Because of it, the bird is known in the Amazon as alencó *or* licorne, *corrupted forms of unicorn.*

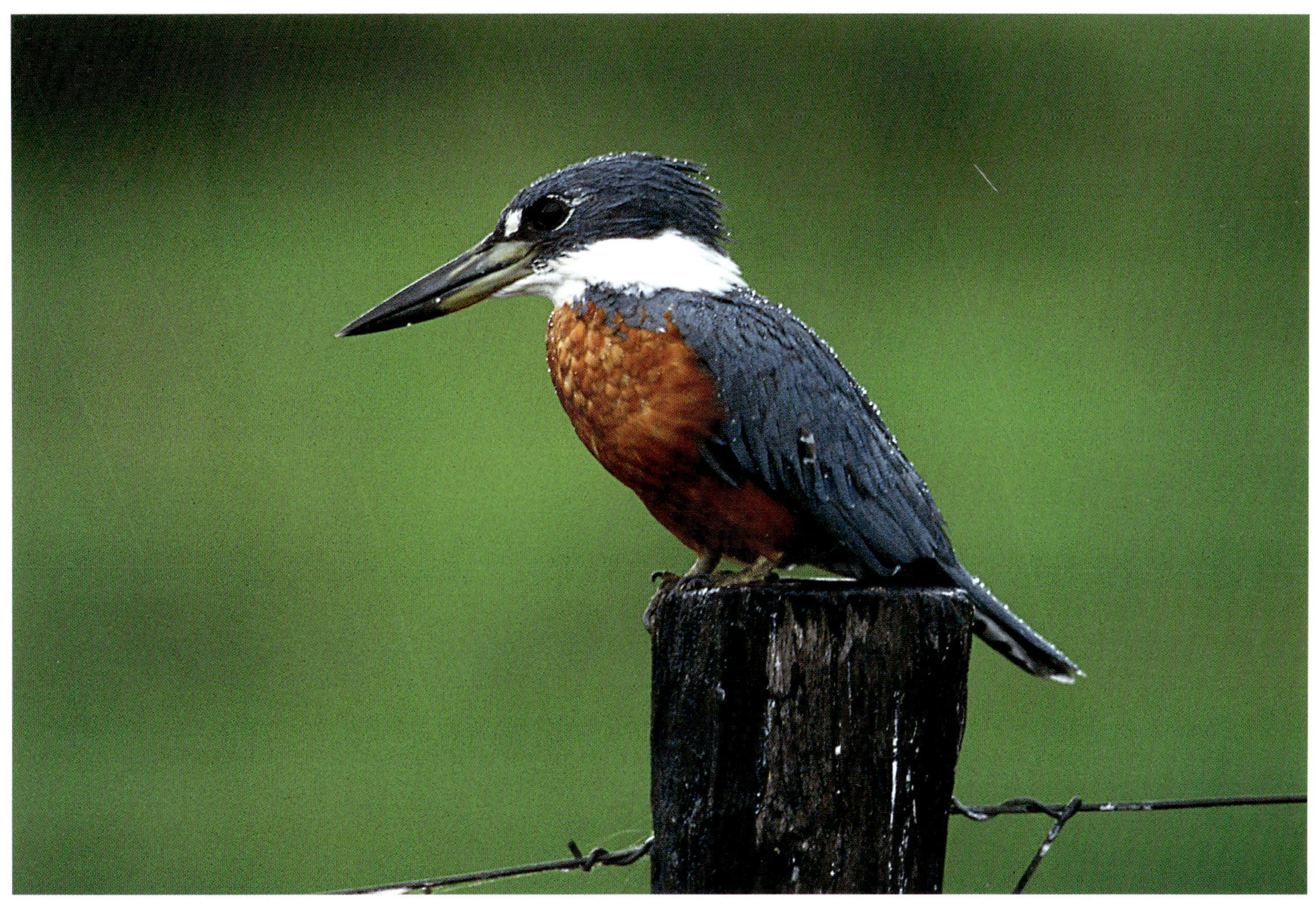

Martim-pescador-grande
(Ceryle torquata)
Ringed Kingfisher

Pouco exigente quanto ao habitat, o martim-pescador-grande pesca em rios, banhados, no mar e até em represas e lagos criados pelo ser humano.

The ringed kingfisher makes few demands as to habitat and will fish on rivers, marshes, in the ocean and even in reservoirs and artificial lakes.

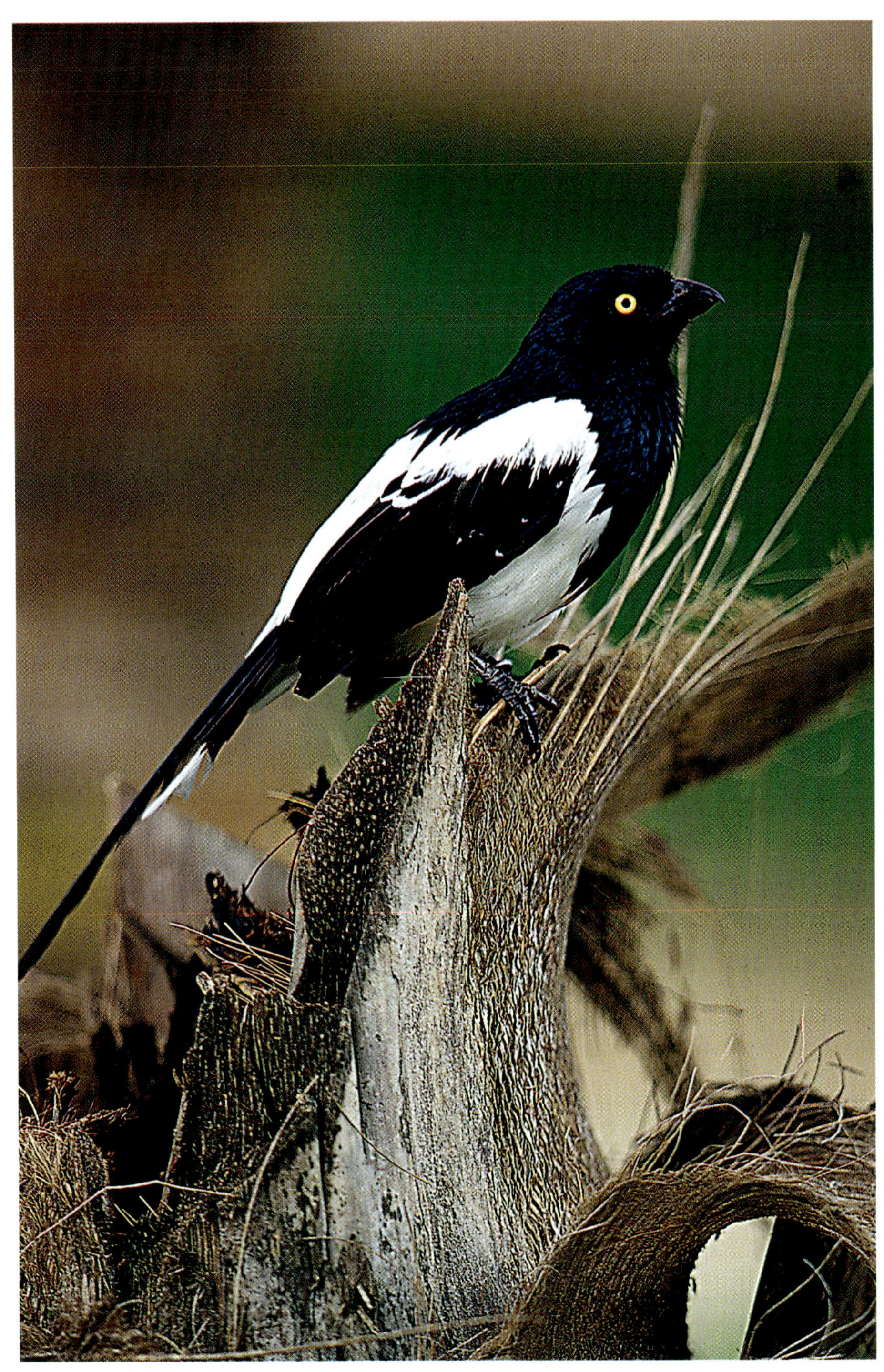

Tietinga
(Cissopis leveriana)
Magpie Tanager

De temperamento agitado e colorido marcante, o tietinga chama a atenção enquanto percorre a borda da mata em busca dos frutos e insetos de que se alimenta.

With its agitated temperament and outstanding coloring, the magpie tanager calls attention to itself while flying along the edge of the woods in search of fruits and insects on which to feed.

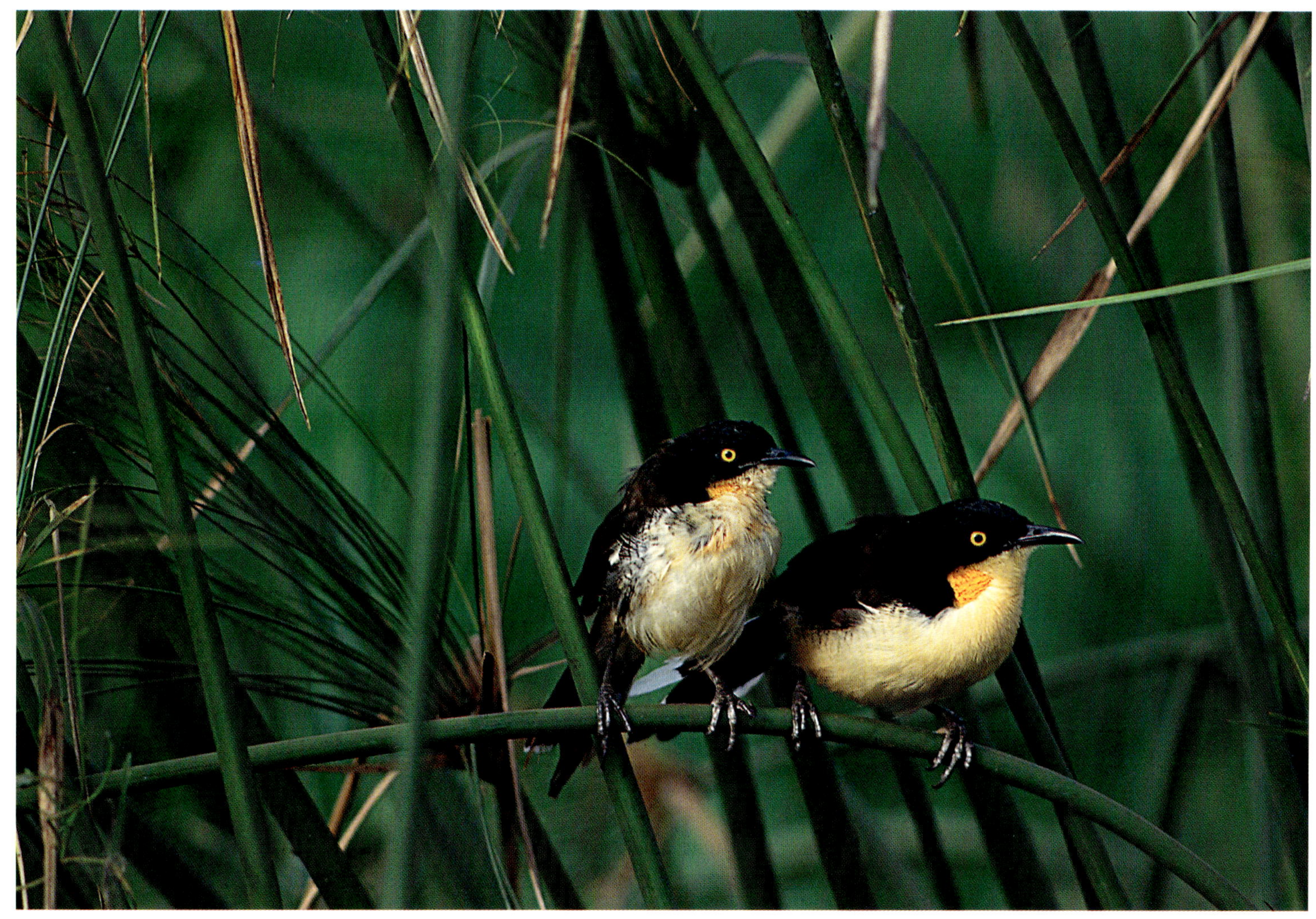

Japacanim
(Donacobius atricapillus)
Black-capped Donacobius

O japacanim nunca abandona a vegetação dos brejos e banhados, onde vive em bandos. Além do colorido atraente, tem canto forte, variado e sonoro.

The black-capped donacobius never leaves the vegetation of the swamps and marshes, where it lives in flocks. Besides its attractive coloring, it has a loud, varied and sonorous song.

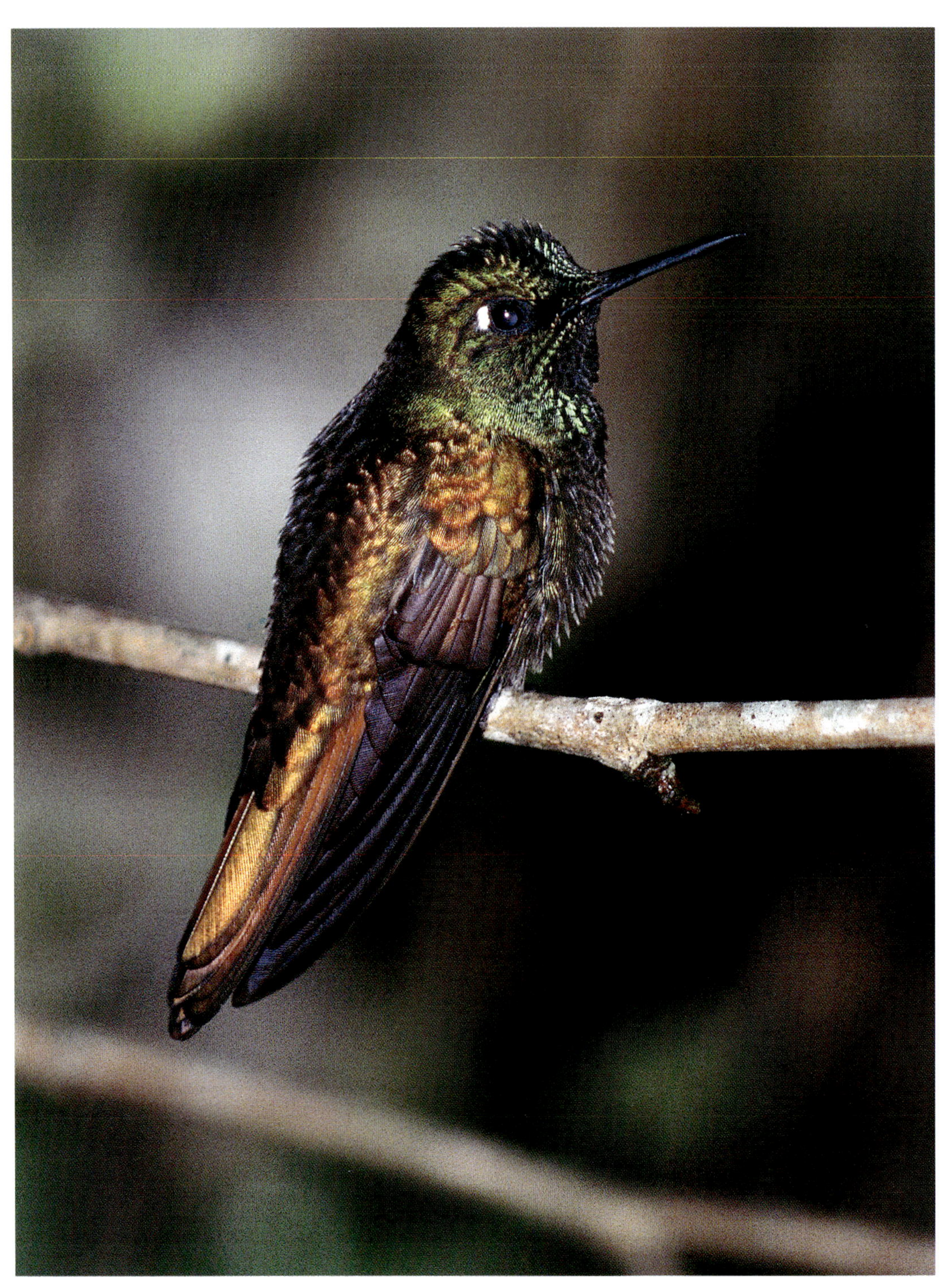

Beija-flor-de banda-branca
(Amazilia versicolor)
Versicolored Emerald

As cores metálicas do beija-flor-de-banda-branca não vêm de pigmentos, mas da forma como a luz incide nas penas. Dependendo do ângulo, as cores somem e a ave parece negra.

The metallic colors of the versicolored emerald do not come from pigments, but from the way the light strikes the feathers. Depending on the angle, the colors disappear and the bird seems to be black.

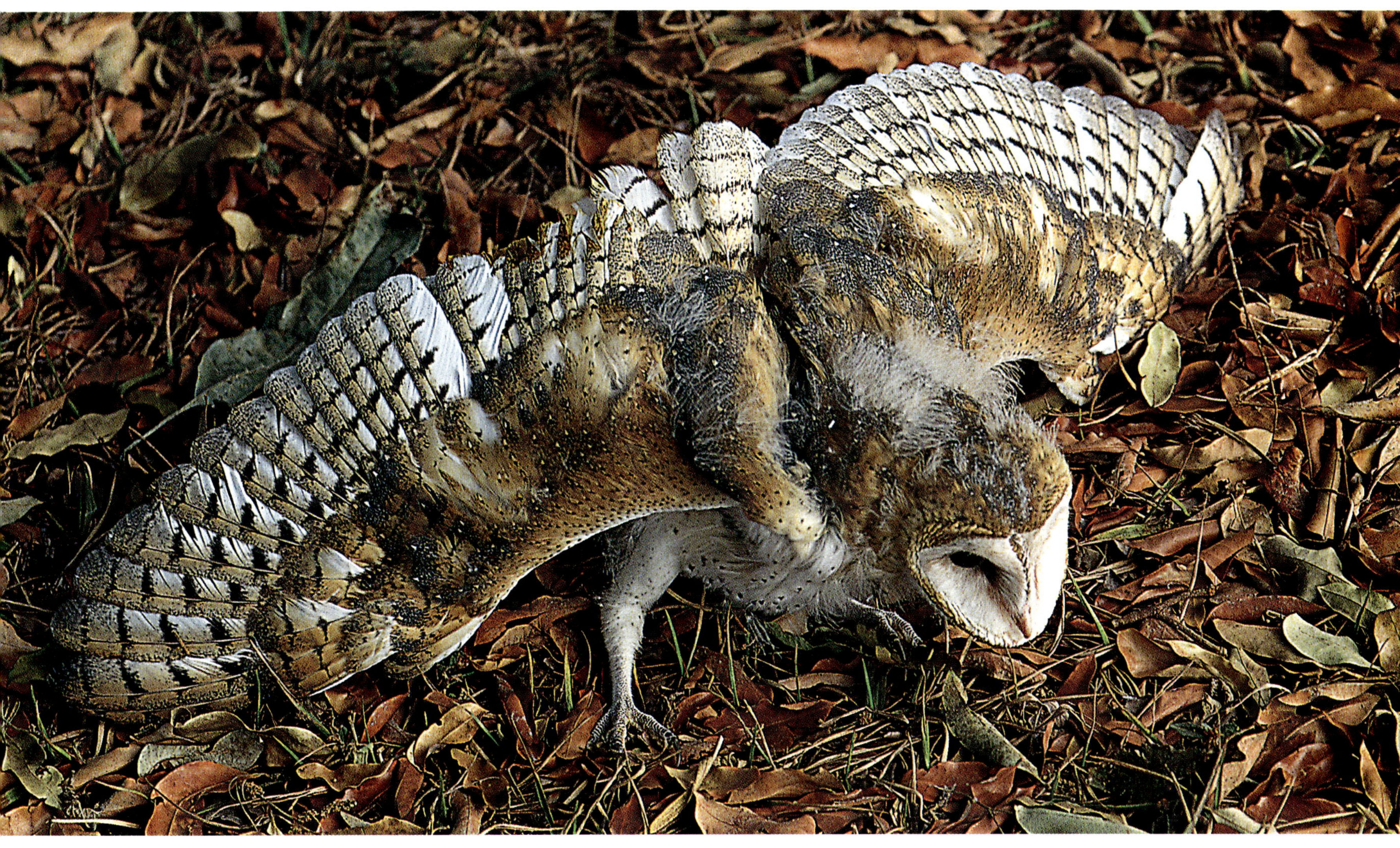

Suindara
(Tyto alba)
Barn Owl

Ao sentir-se ameaçado, o jovem da suindara, ou coruja-da-igreja, enfrenta o agressor com uma postura típica, que o faz parecer maior do que realmente é.

When it feels threatened, the young barn owl, or hoot owl, faces aggressors with a typical posture that makes it look bigger than it really is.

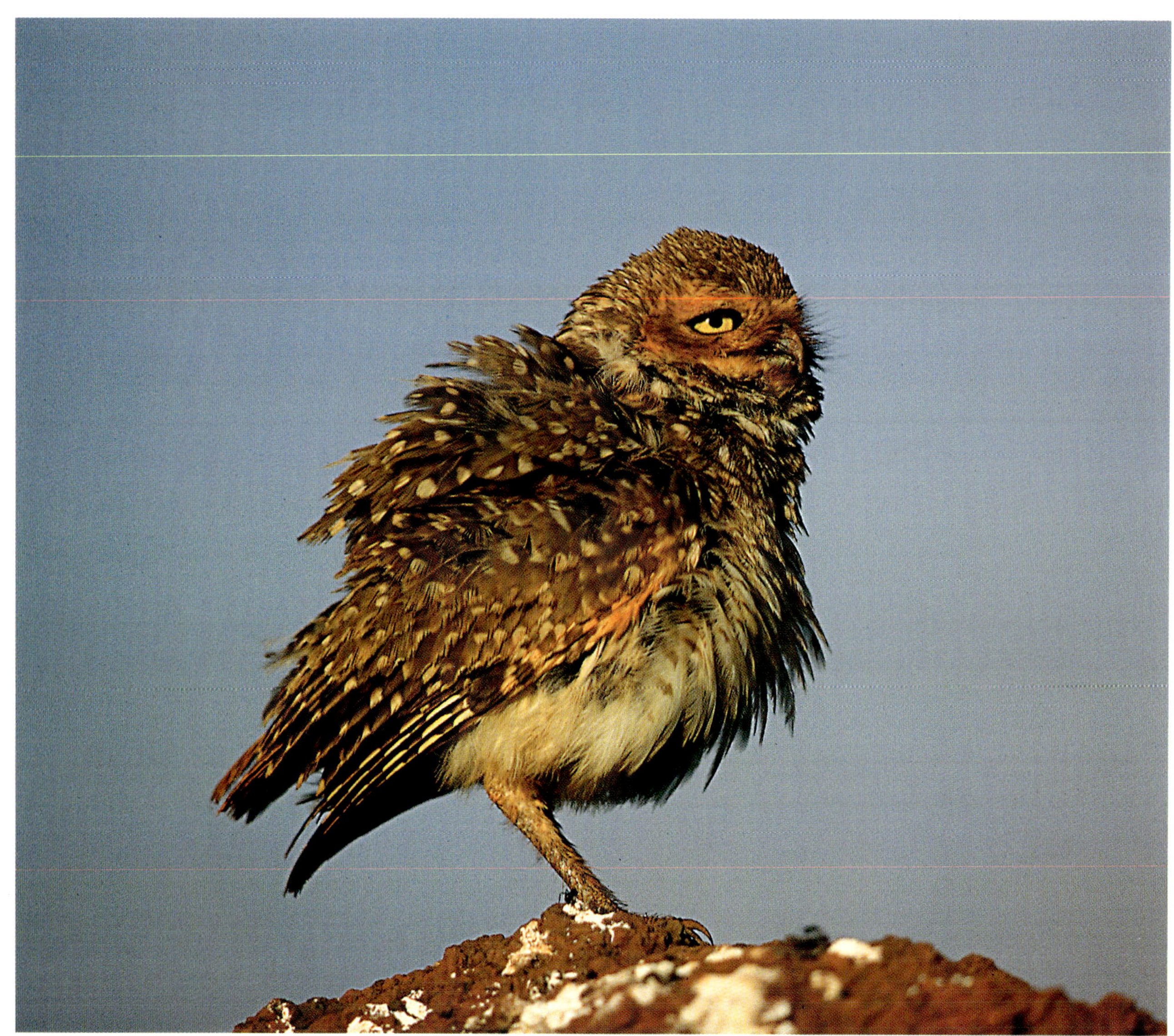

Coruja-buraqueira
(Speotyto cunicularia)
Burrowing Owl

Pelo hábito de fazer ninho em tocas no chão, a coruja-buraqueira quase sempre está suja de terra, e sua plumagem acaba adquirindo a mesma cor do solo.

Because of its habit of nesting in holes in the ground, the burrowing owl is almost always dirty and its plumage ends up taking the same color as the soil.

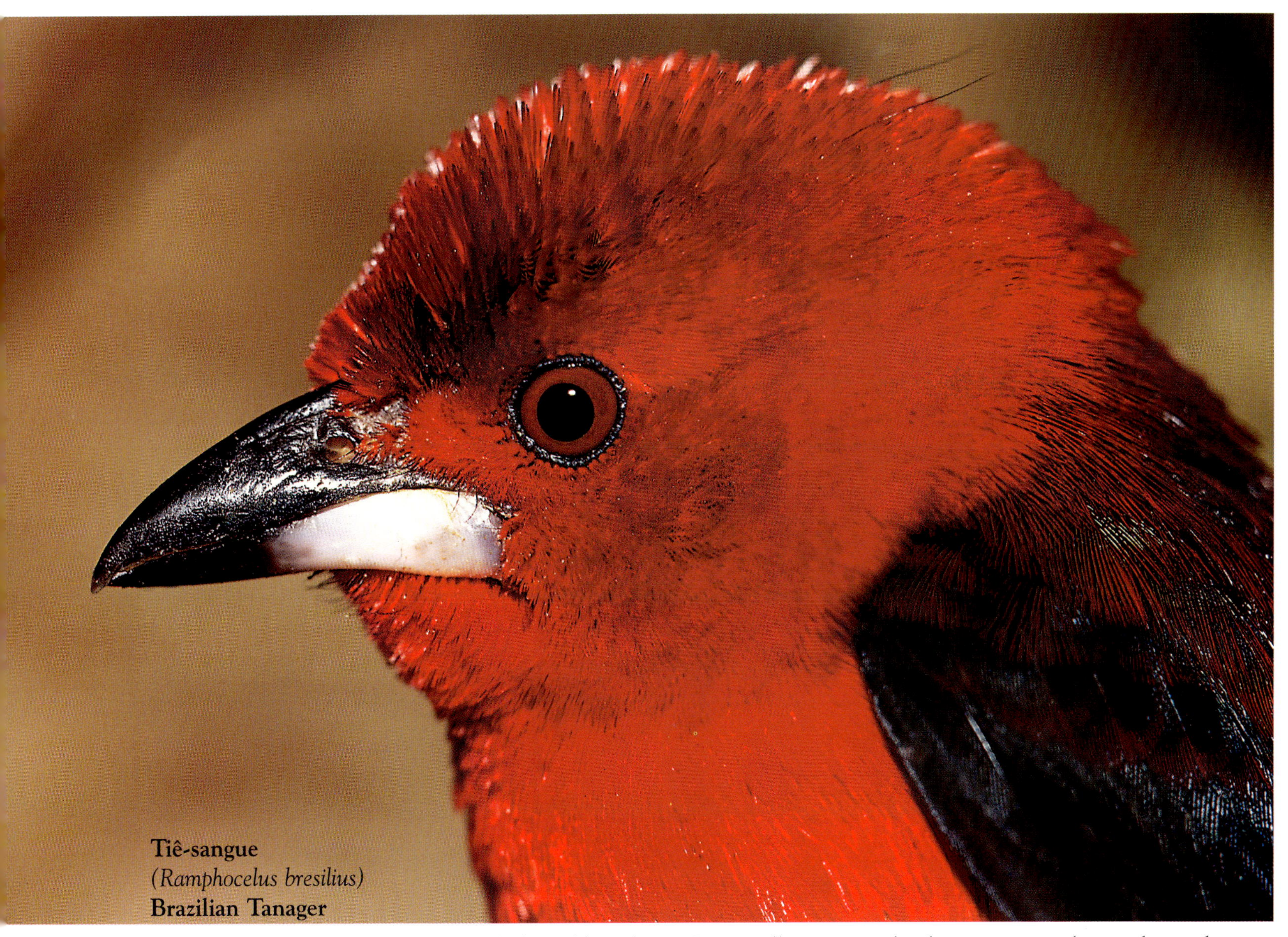

Tiê-sangue
(Ramphocelus bresilius)
Brazilian Tanager

O tiê-sangue é típico das restingas do litoral brasileiro. O vermelho intenso da plumagem é exclusivo do macho. A fêmea exibe um colorido marrom mais discreto.

The Brazilian tanager is typical on the sandbanks along the coast of Brazil. The bright red plumage is exclusively a male feature. The female has a more discreet brown coloring.

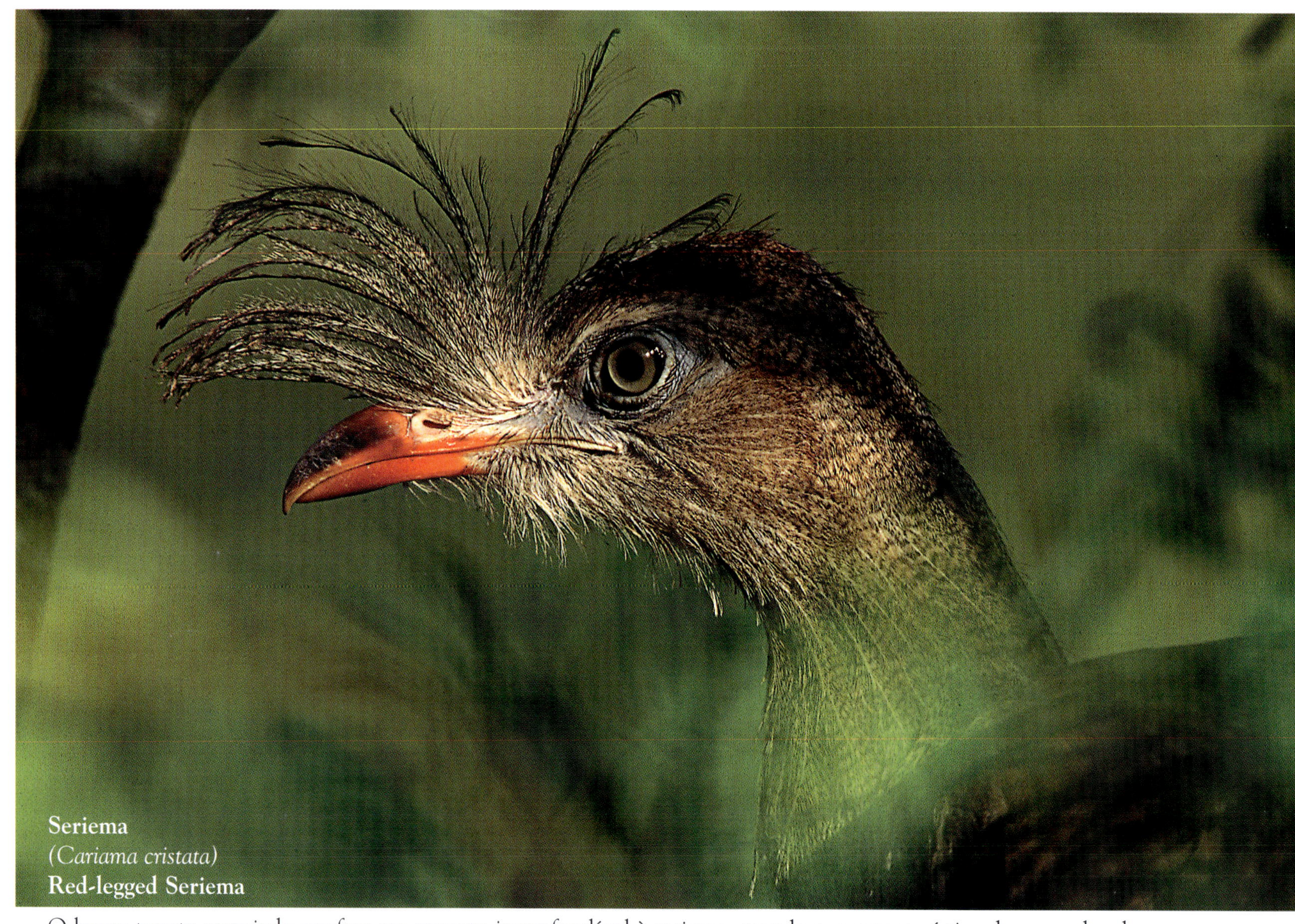

Seriema
(Cariama cristata)
Red-legged Seriema

O longo topete arrepiado confere um aspecto inconfundível à seriema, grande ave característica dos cerrados do Brasil central e bastante comum em pastos e plantações.

Its high crest gives the red-legged seriema a unique appearance. This large bird is common to the bush lands of central Brazil and is often seen in pastures and planted fields.

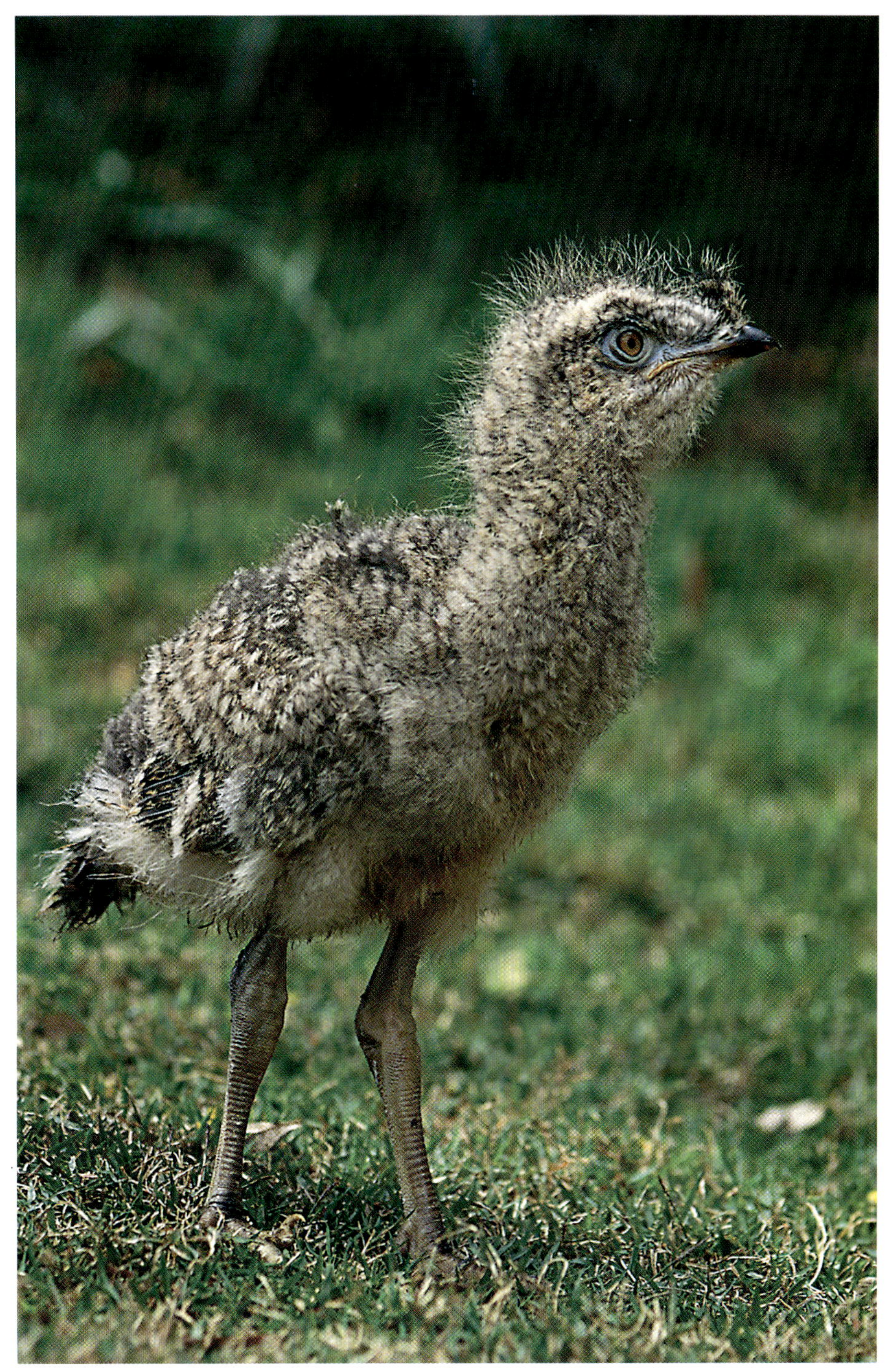

O filhote se desenvolve devagar e demora cinco meses para adquirir a aparência adulta.

The fledglings develop slowly and take five months to gain an adult appearance.

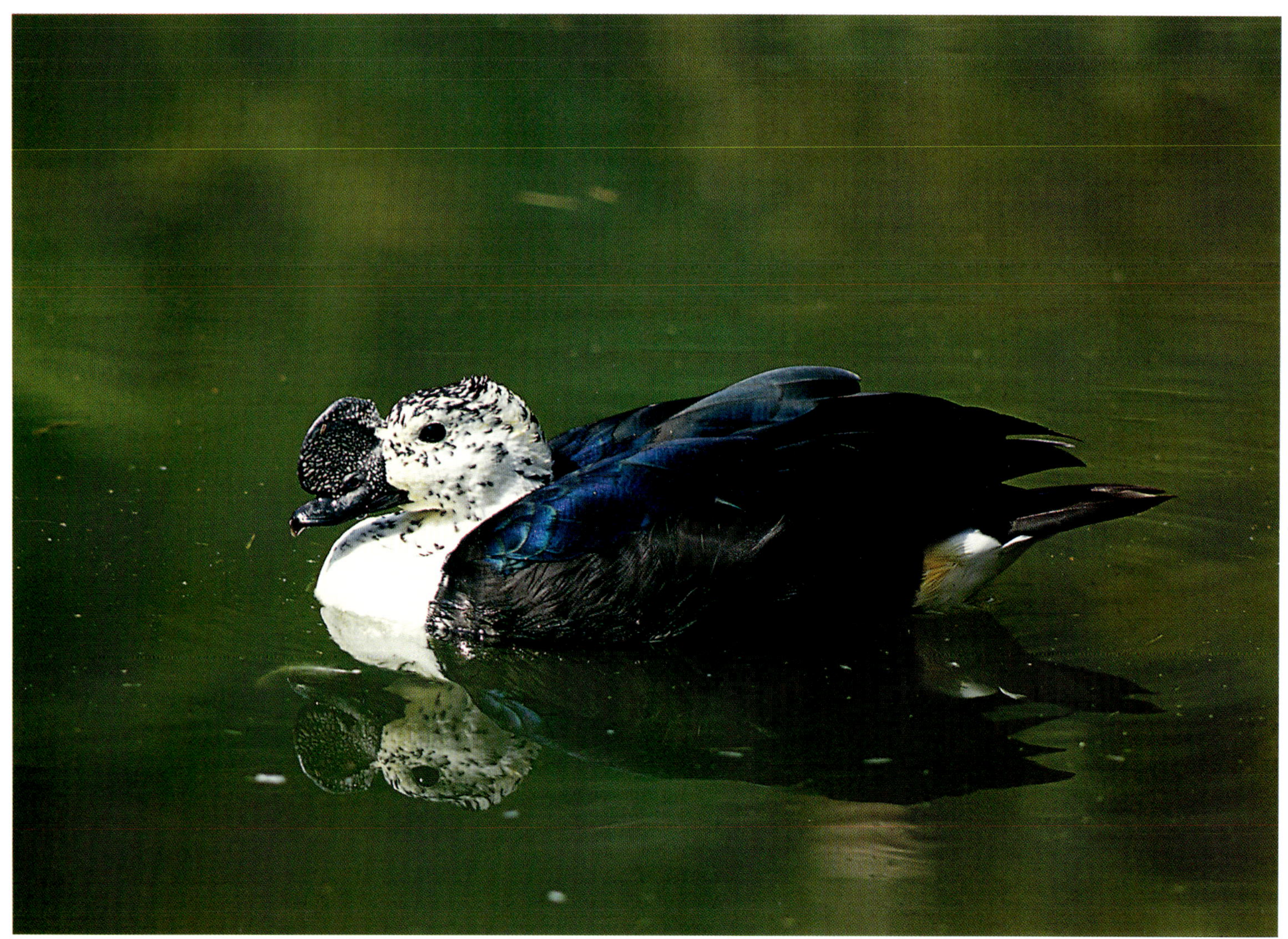

Pato-de-crista
(Sarkidiornis melanotos)
Comb Duck

O pato-de-crista vive em todo o Brasil, preferindo regiões pantanosas. A tuberosidade no alto do bico, exclusiva do macho, desenvolve-se mais na época de cria.

The comb duck lives all over Brazil, but prefers wetlands. The fleshy comb atop its beak is an exclusive feature of the male and becomes more prominent during the mating season.

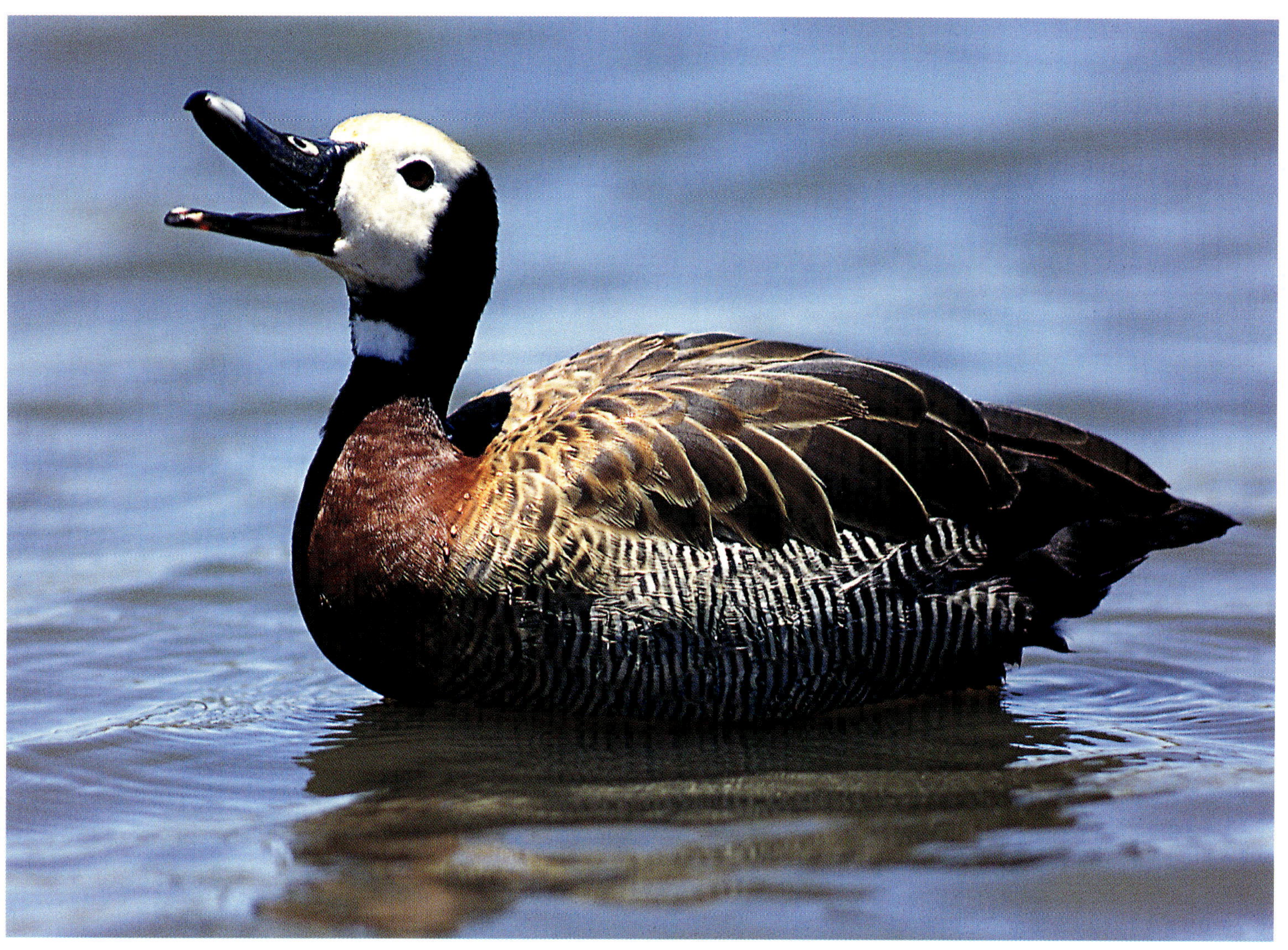

Irerê
(Dendrocygna viduata)
White-faced Whistling-duck

O assobio melodioso que originou o nome do irerê pode ser ouvido à noite, quando bandos desse pato voam em busca de lagos e banhados onde se alimentam.

The melodic whistle that gave this duck its name can be heard at night, when flocks fly in search of lakes and marshes for places to eat.

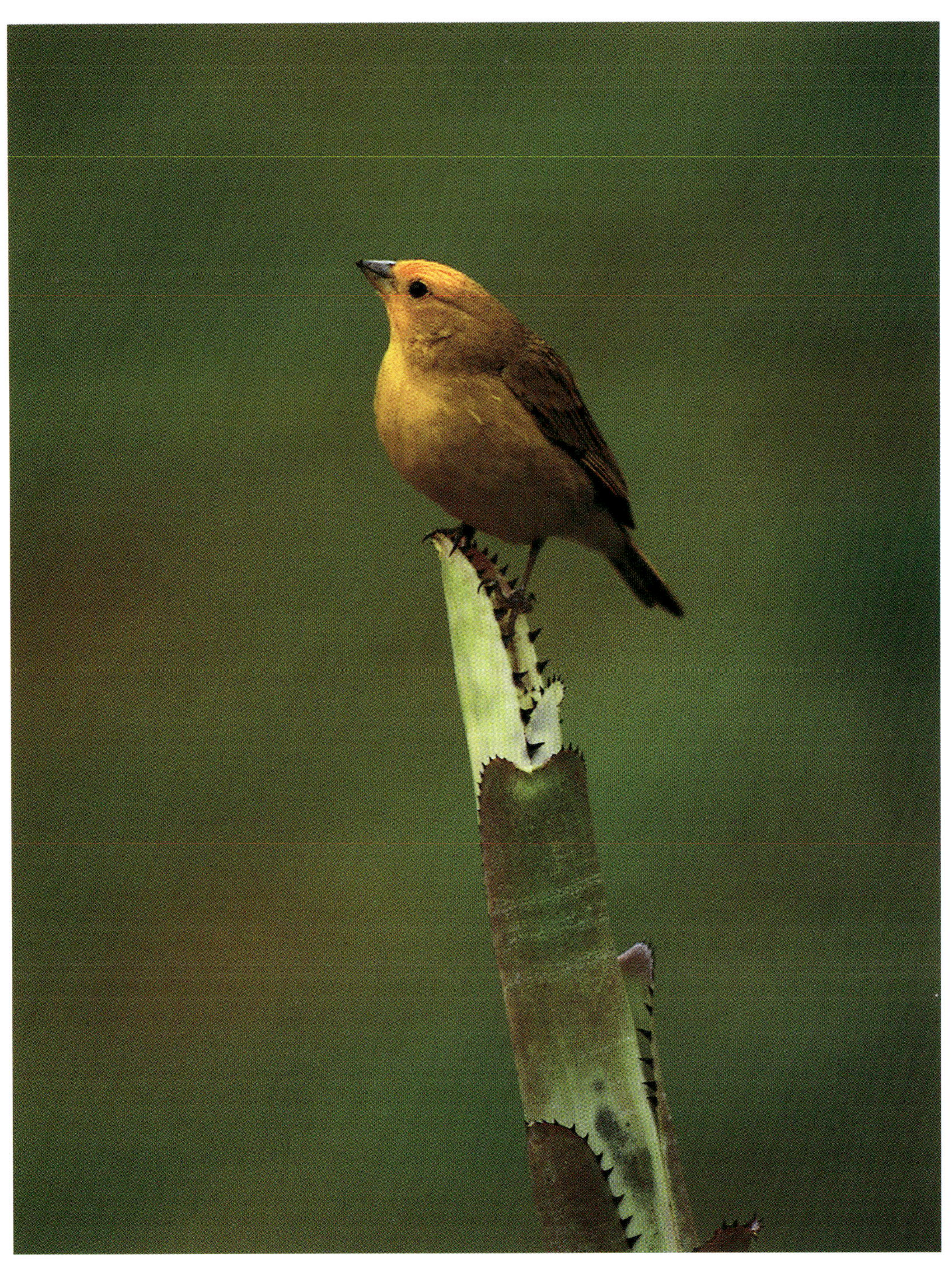

Canário-da-terra
(Sicalis flaveola)
Saffron Finch

Pousado em poleiros expostos, o macho do canário-da-terra vigia seu território e canta para manter afastados os outros machos.

Perched on exposed roosts, the male saffron finch watches over its territory and sings to keep other males away.

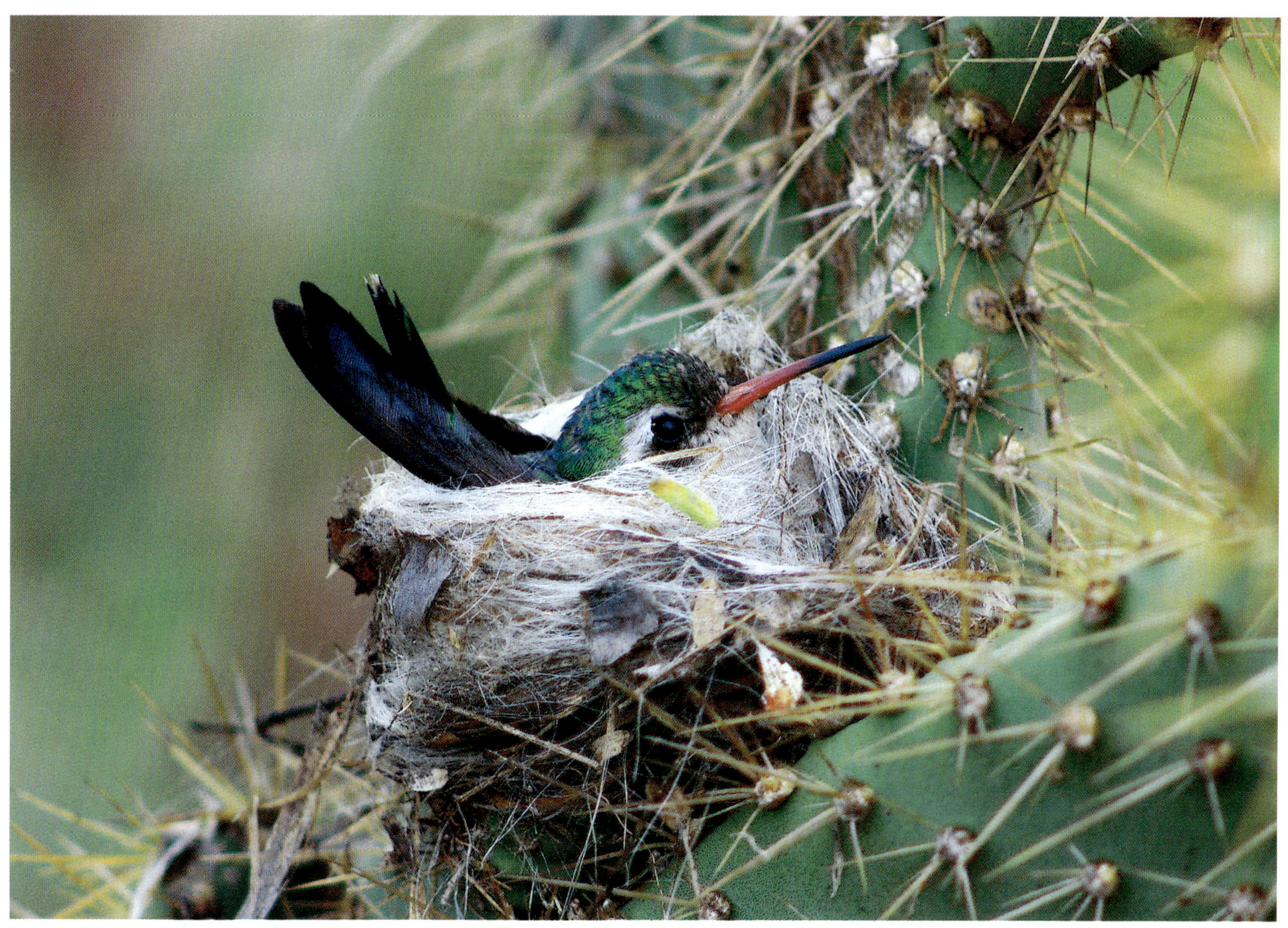

Besourinho-de-bico-vermelho
(Chlorostilbon aureoventris)
Glittering-bellied Emerald

O besourinho-de-bico-vermelho é um beija-flor comum que, na caatinga nordestina, aproveita a proteção dos cactos para fazer seu ninho.

The glittering-bellied emerald is a common hummingbird that uses the protection of the cacti in the caatinga *to make its nest.*

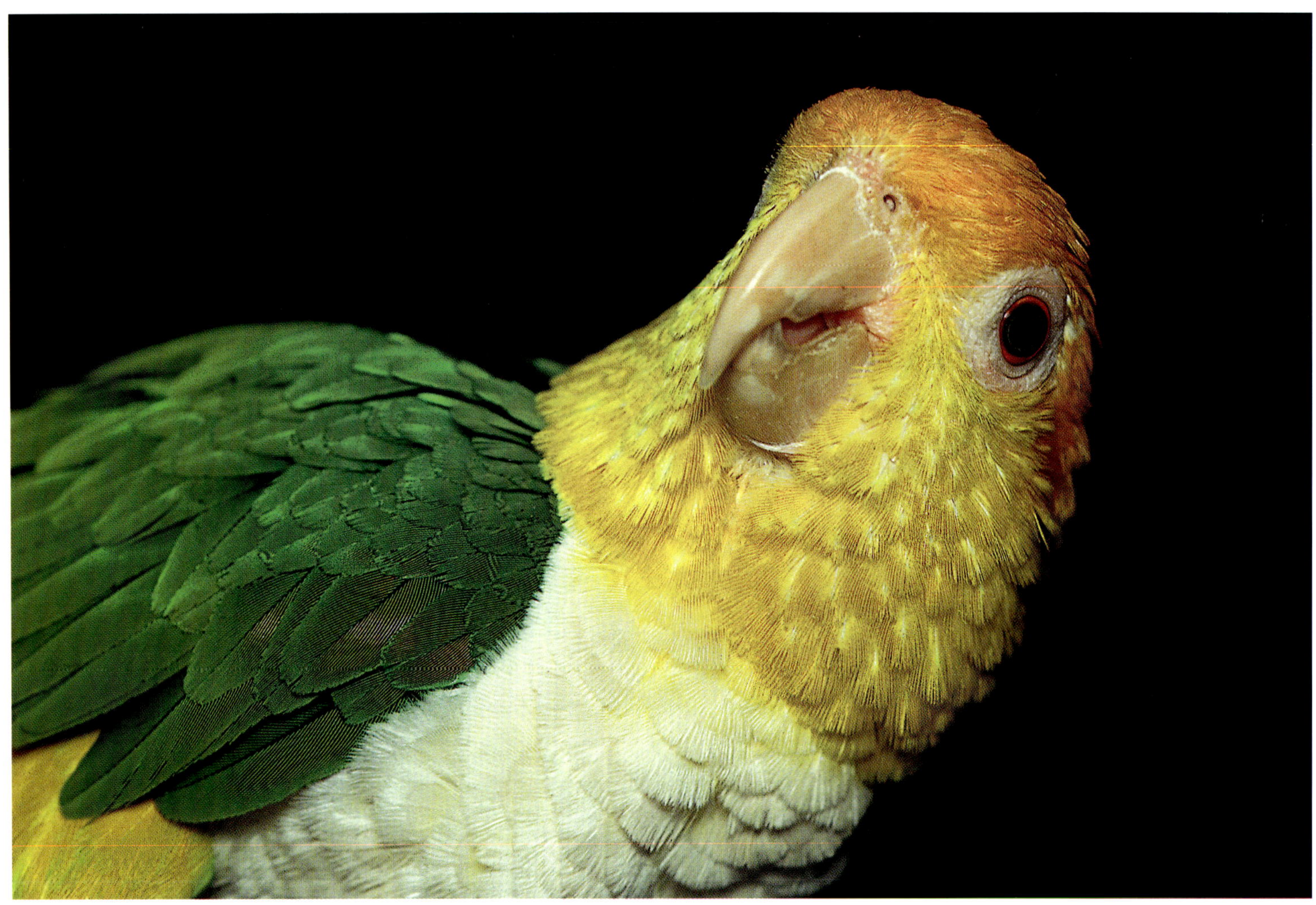

Marianinha
(Pionites leucogaster)
White-bellied Parrot

Já na época do descobrimento, a riqueza da fauna brasileira de psitacídeos chamava a atenção dos viajantes. São mais de setenta espécies, muitas delas ostentando as cores nacionais, como a marianinha e a ararajuba, ambas da Amazônia. Esta última é endêmica ao nosso país e está ameaçada de extinção.

When Brazil was discovered, the wealth of psittacidae got the attention of travelers. There are over seventy species, many of which bearing the colors of the flag, like the white-bellied parrot and the golden parakeet both from the Amazon. The latter is endemic to Brazil and is an endangered species.

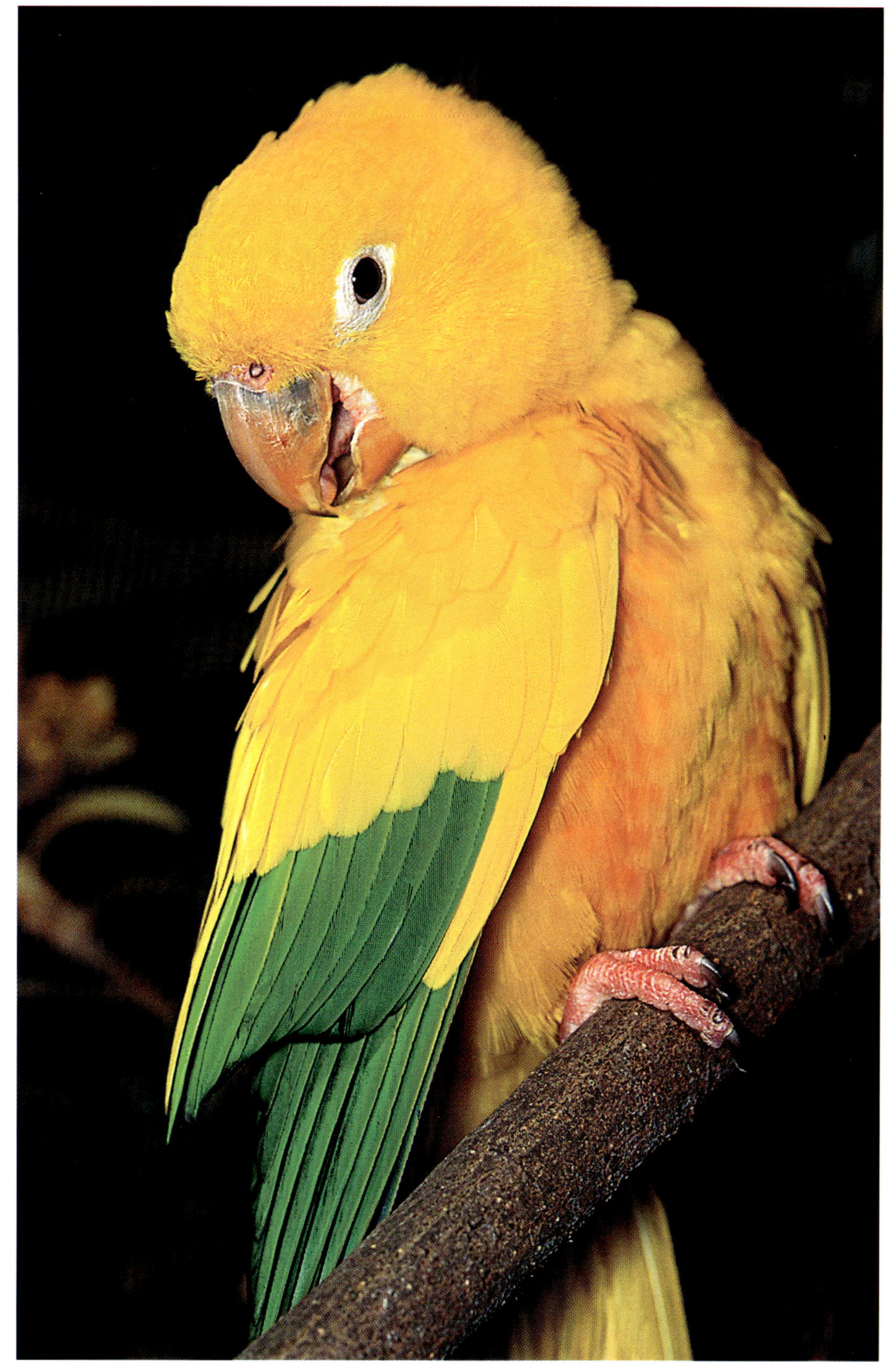

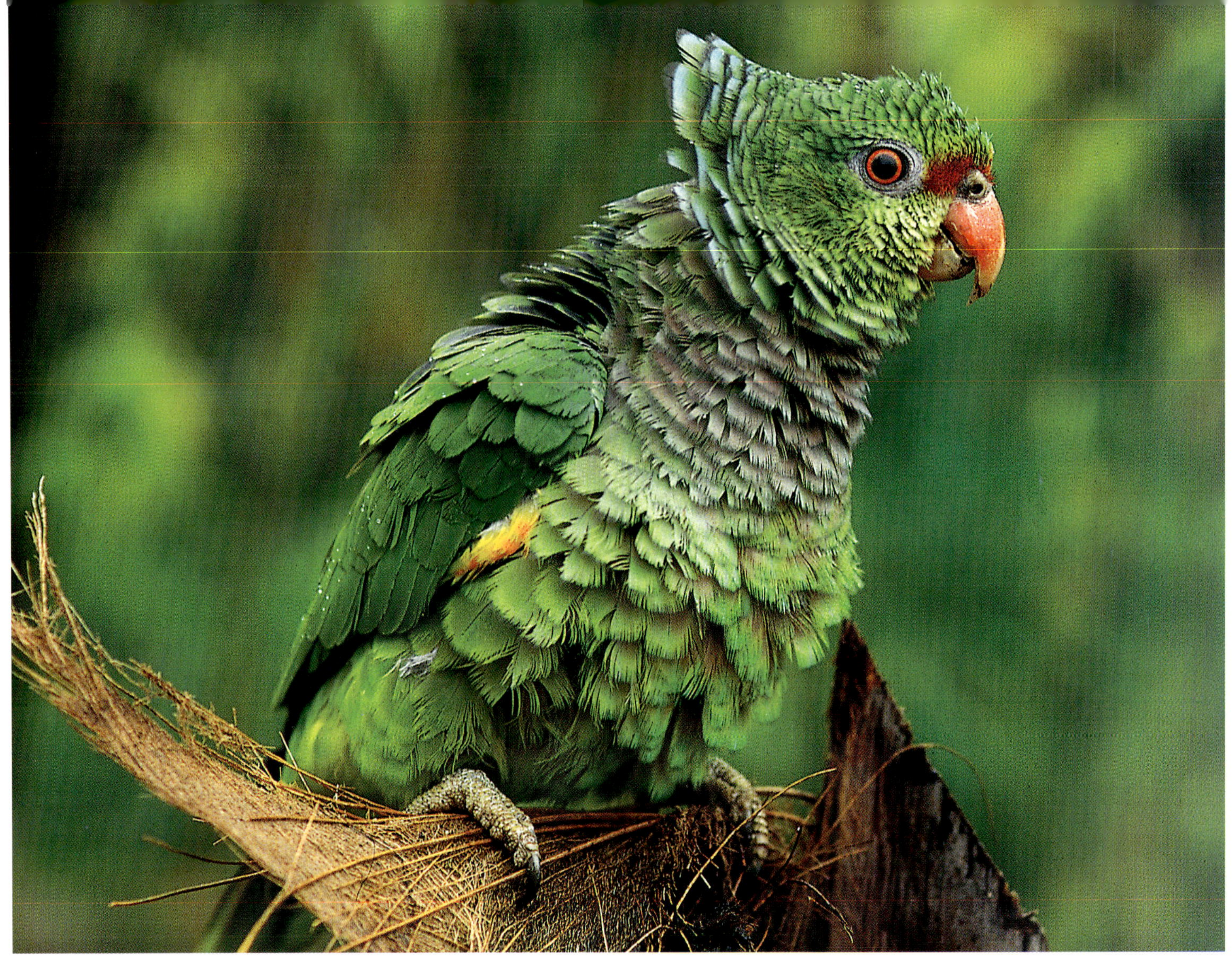

Papagaio-de-peito-roxo
(Amazona vinacea)
Vinaceous Amazon

Existem no Brasil treze espécies de papagaios. Muitas estão ameaçadas de extinção devido à captura ilegal e à destruição dos ambientes naturais, como o papagaio de peito-roxo, das matas de araucária, e o papagaio-de-cara-roxa, das florestas litorâneas de São Paulo e Paraná.

There are thirteen species of parrots in Brazil. Many run the danger of extinction due to illegal hunting and the destruction of natural environments, like the vinaceous amazon – in the araucária *(Brazilian pine) forests, and the red-tailed parrot – in the coastal forests of the States of São Paulo and Paraná.*

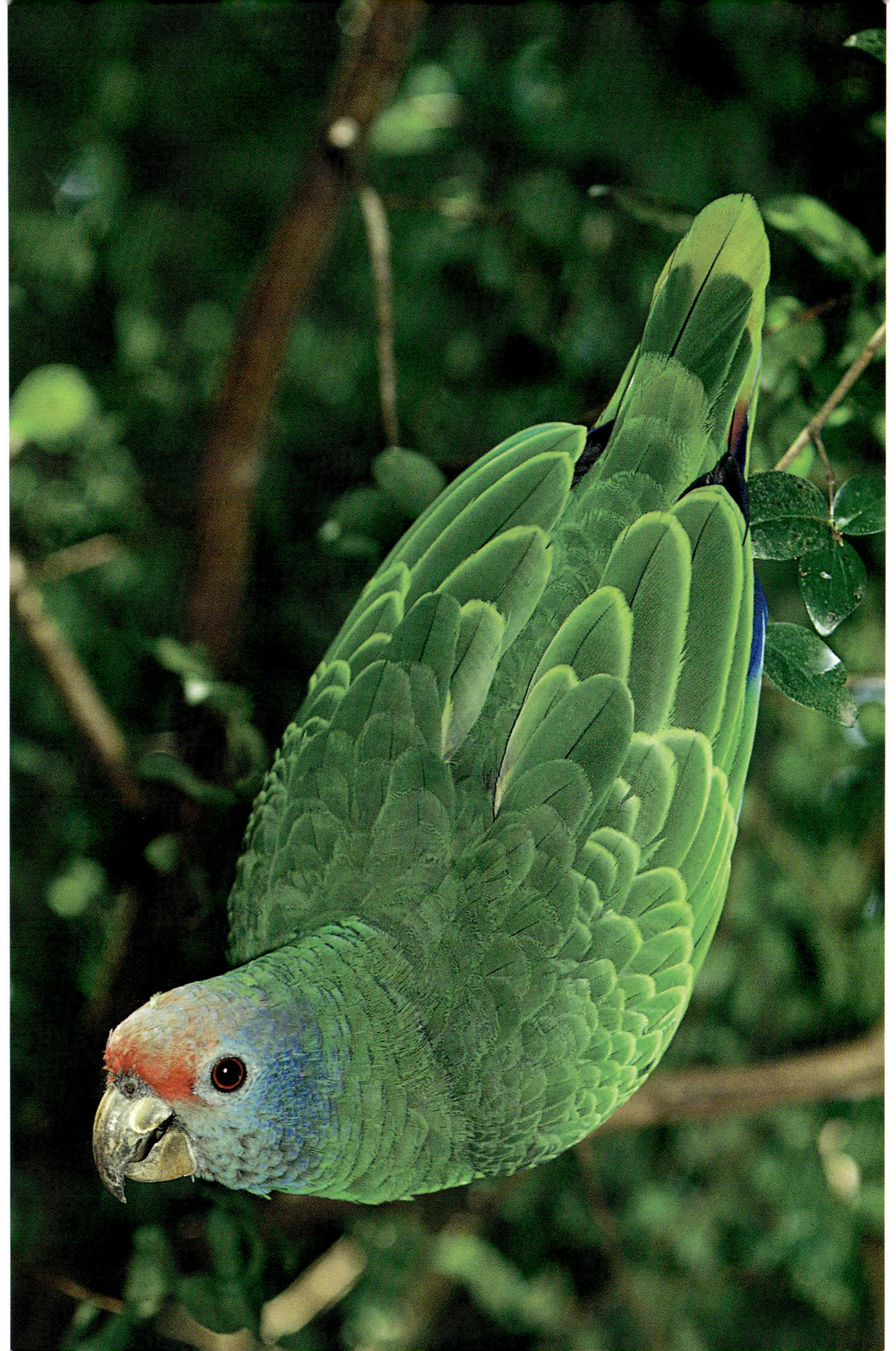

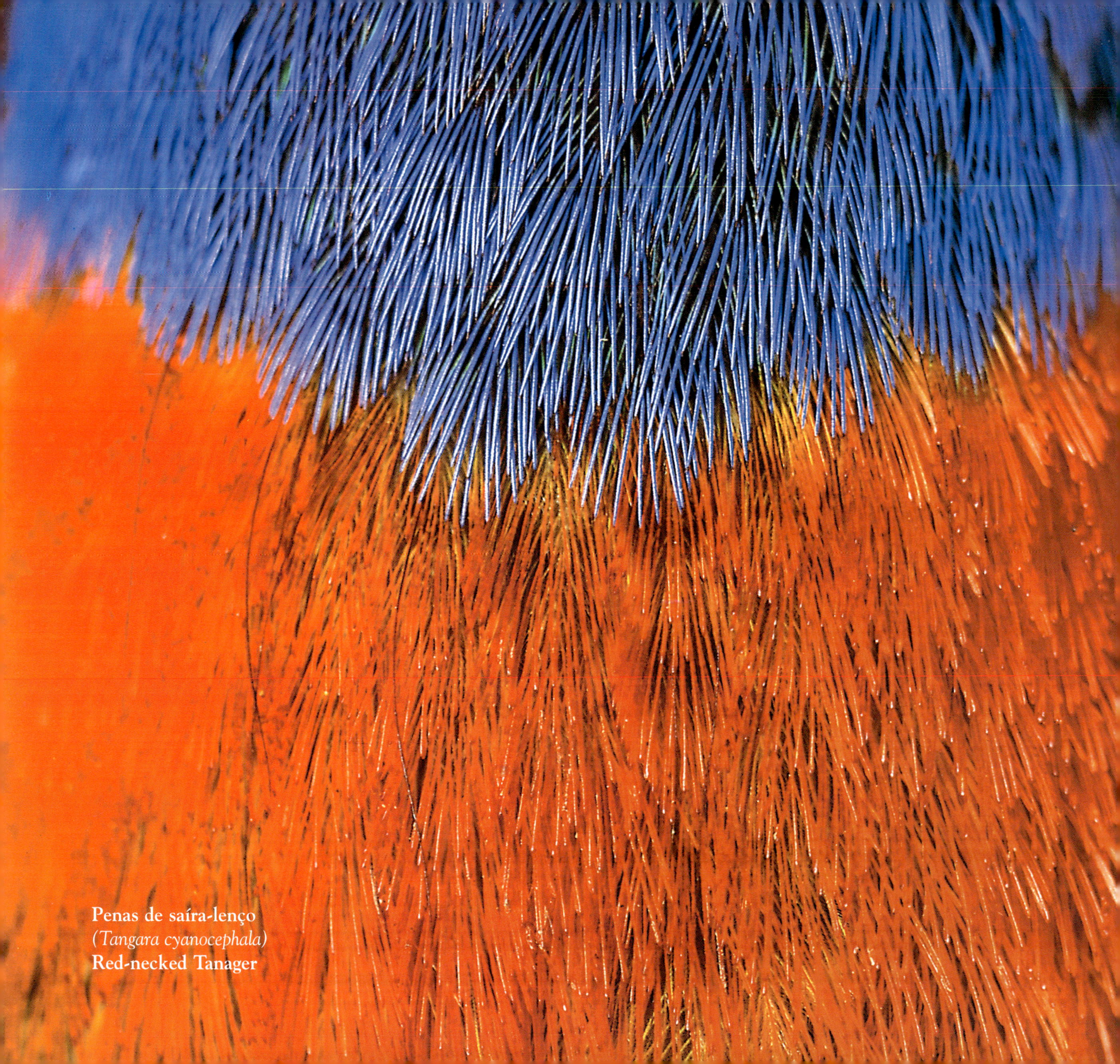

Penas de saíra-lenço
(Tangara cyanocephala)
Red-necked Tanager

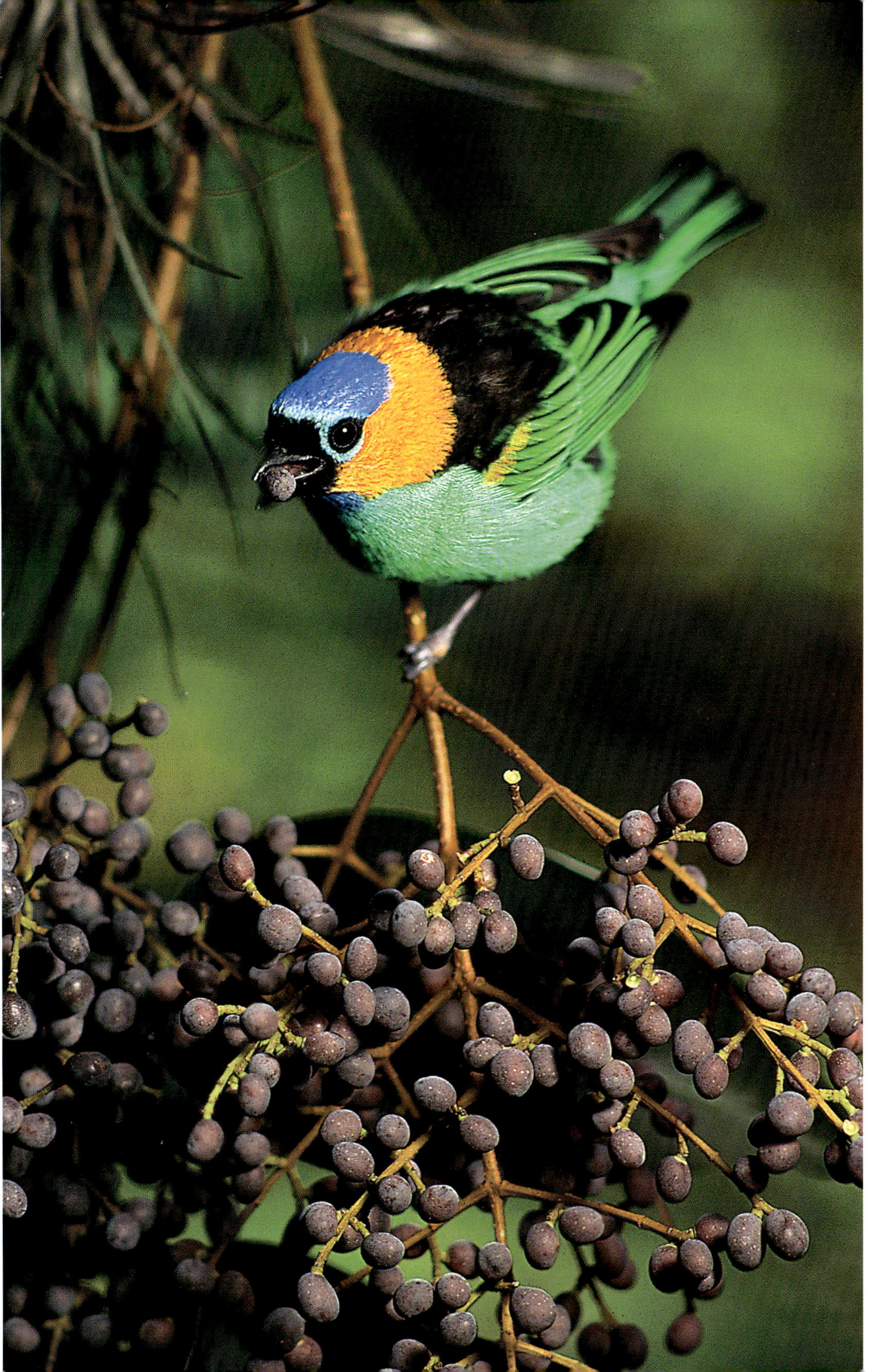

Saíra-lenço
(Tangara cyanocephala)
Red-necked Tanager

Muitas aves que comem frutos disseminam as sementes das plantas silvestres, ajudando a manter e a regenerar as matas, como é o caso da saíra-lenço.

Many fruit-eating birds spread the seeds of wild plants, helping maintain and regenerate the forests, as is the case of the red-necked tanager.

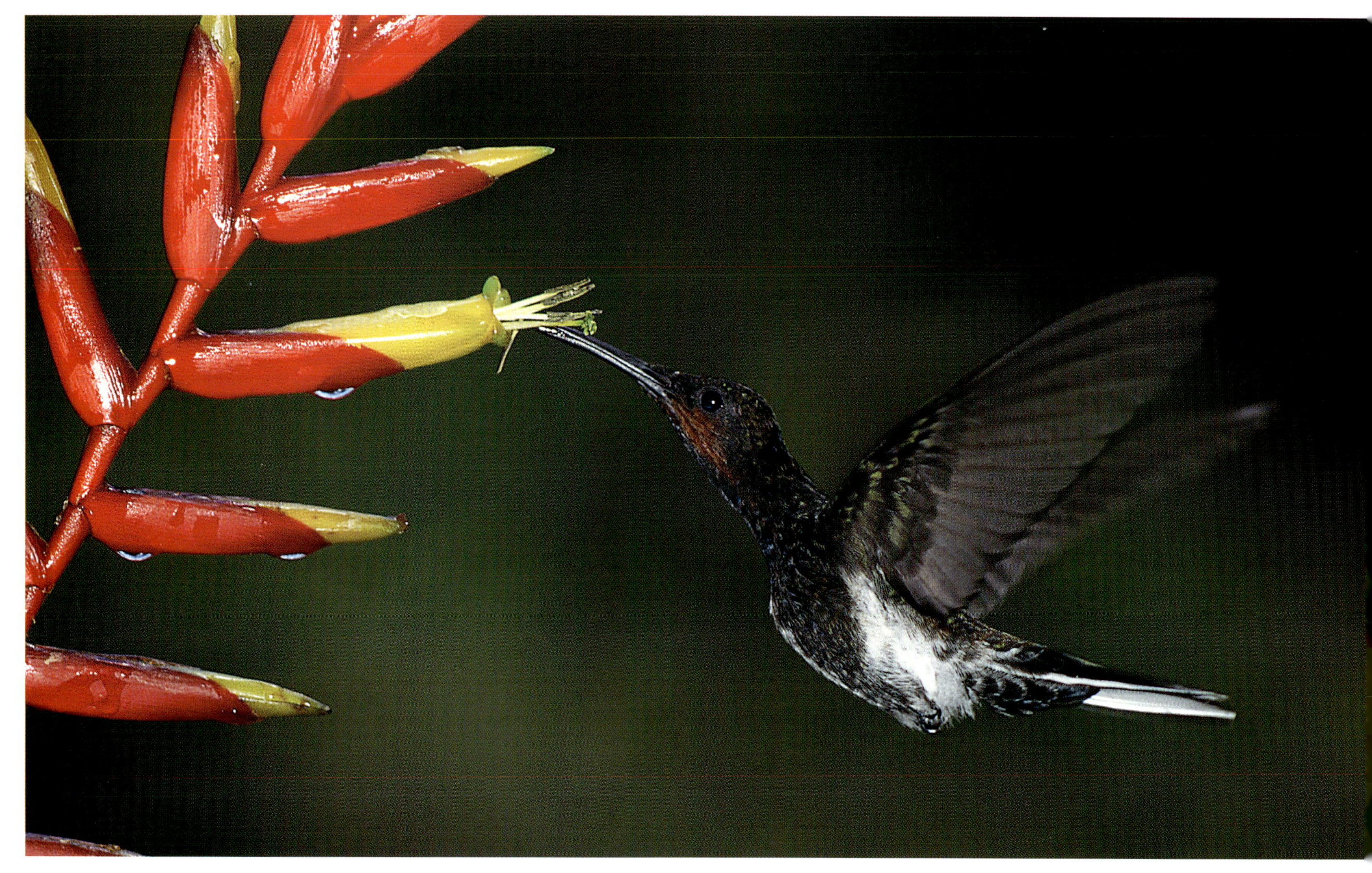

Beija-flor-preto-e-branco
(Melanotrochilus fuscus)
Black Jacobin

O beija-flor-preto-e-branco é uma espécie grande e agressiva, que defende plantas floridas contra qualquer outro beija-flor que se aproxime.

The black jacobin is a large and aggressive species that defends flowering plants against any other humming bird that approaches.

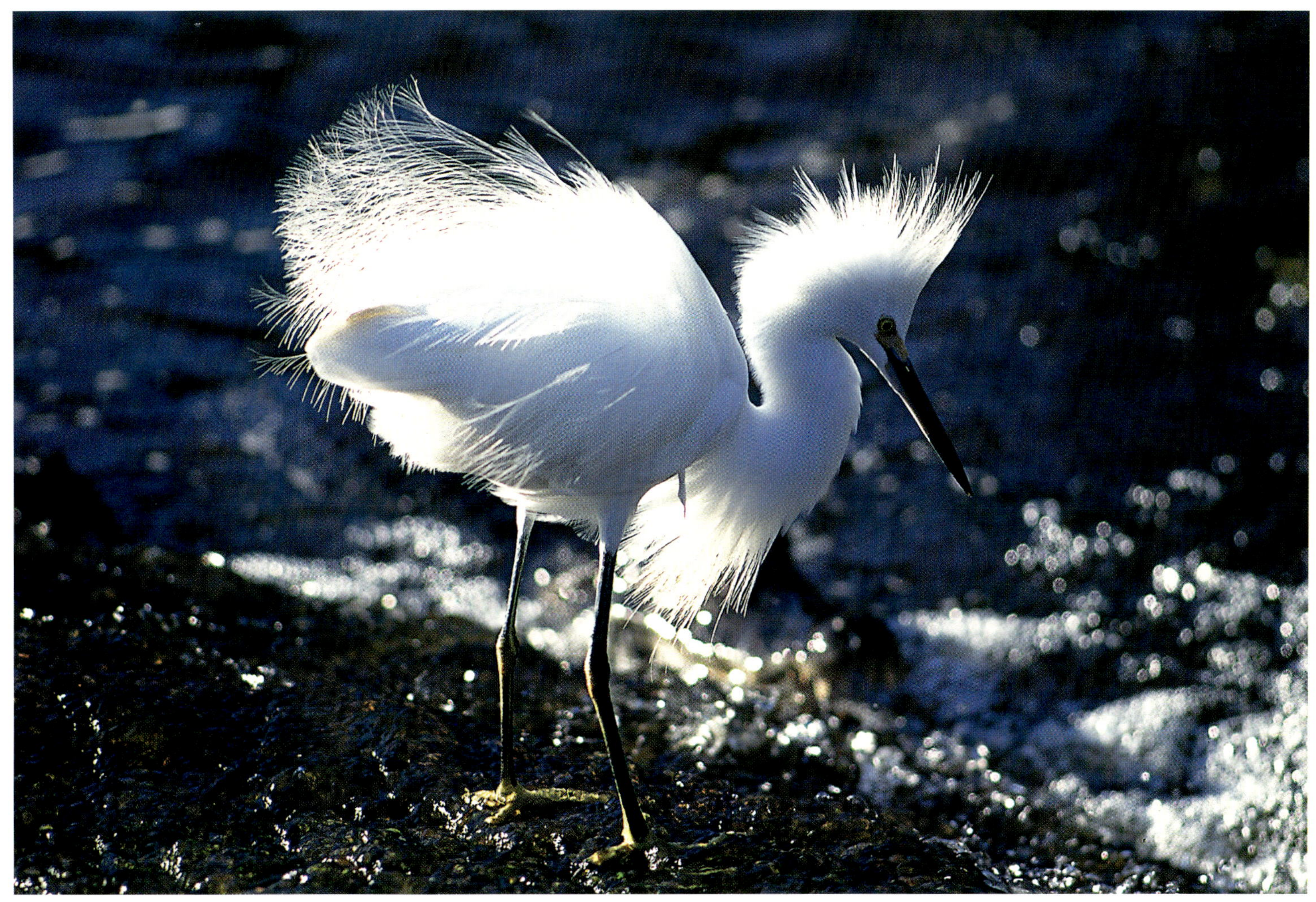

Garça-branca-pequena
(Egretta thula)
Snowy Egret

Nas exibições de acasalamento, a garça-branca-pequena ostenta suas egretas, penas longas e delicadas que crescem nas costas apenas na estação reprodutiva.

During mating dances, the snowy egret shows off the plumes on its head (aigrettes) – long and delicate feathers that grow only for the mating season.

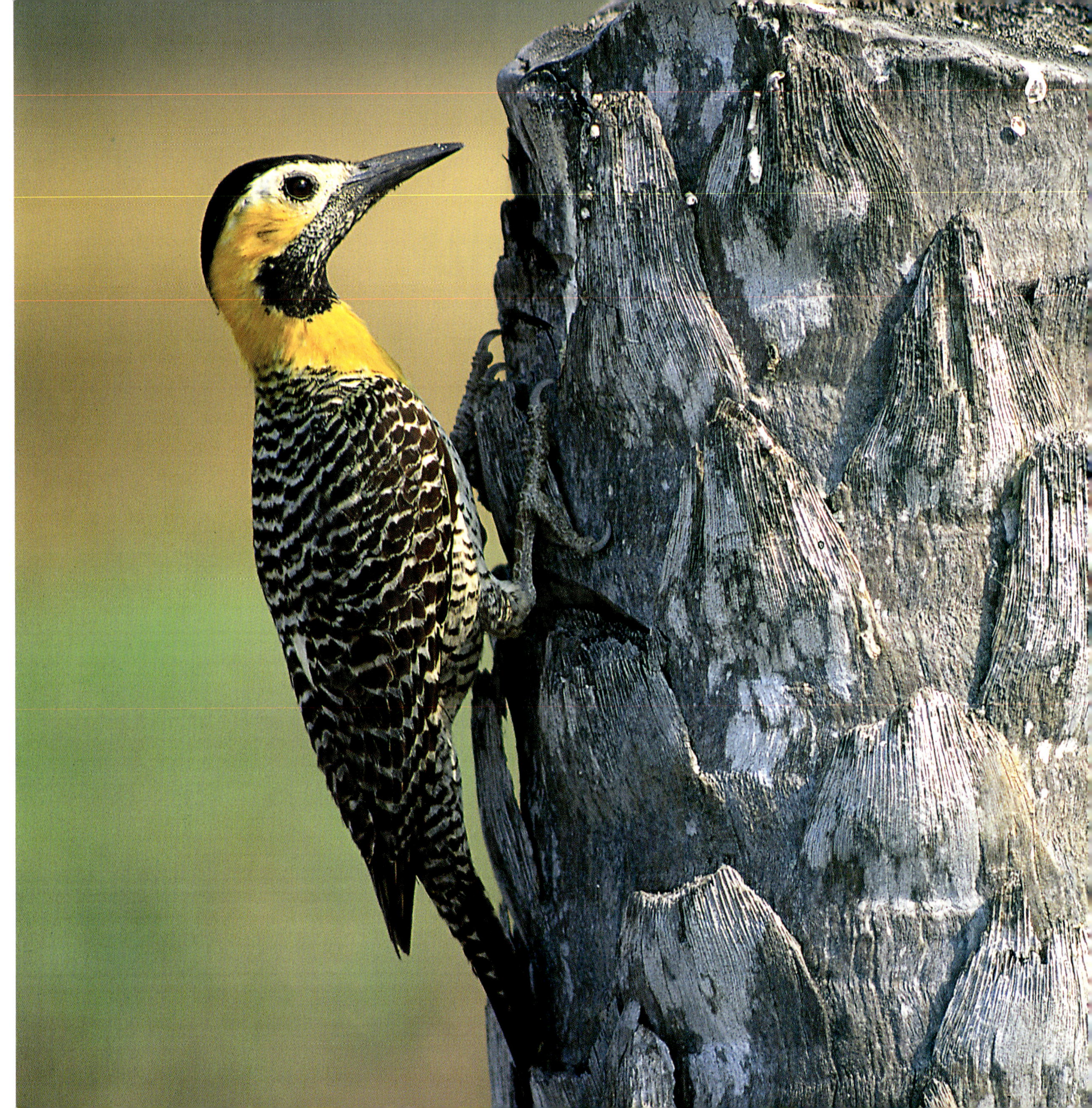

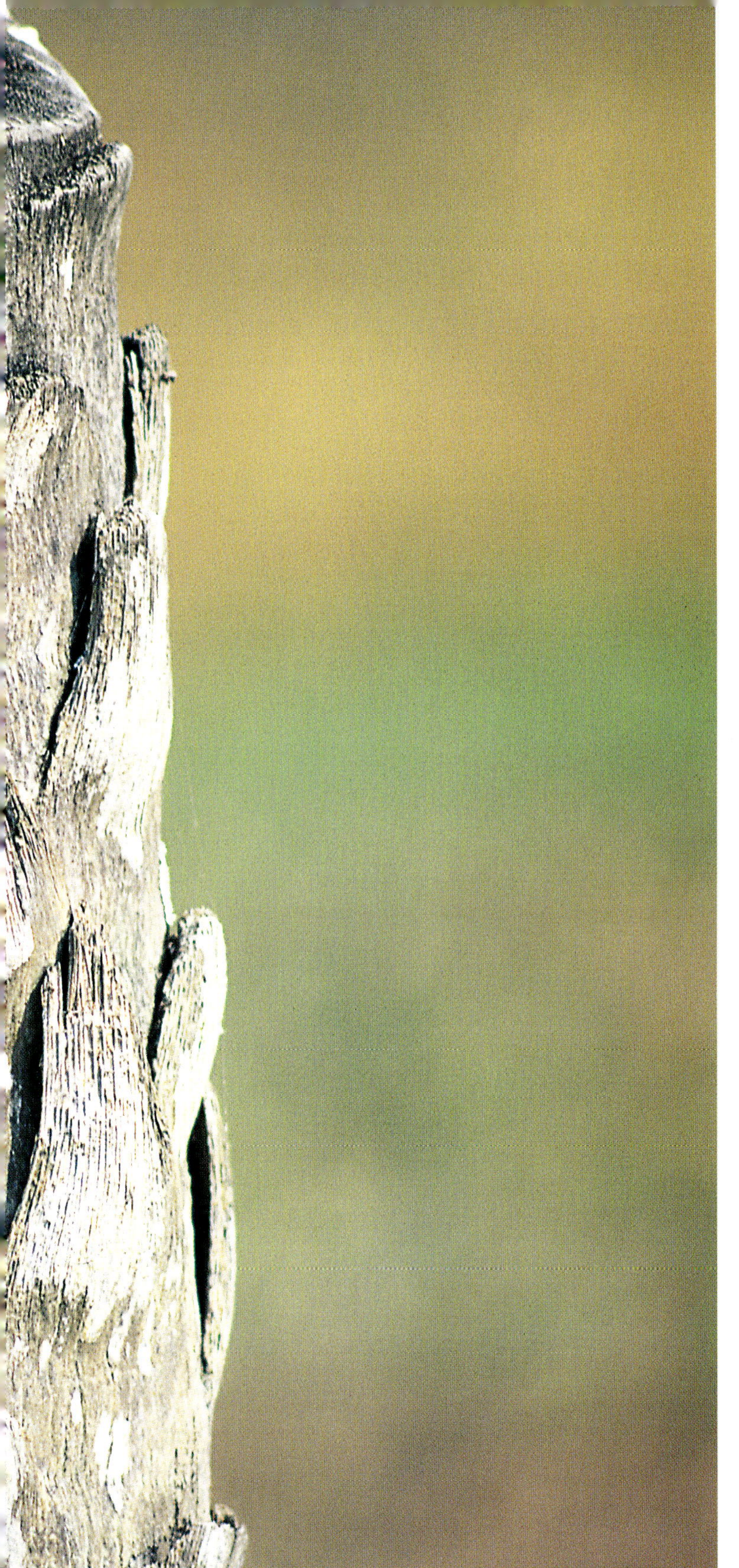

Pica-pau-do-campo
(Colaptes campestris)
Campo Flicker

Único entre os pica-paus a habitar ambientes abertos, o pica-pau-do-campo vive em bandos e é comum nos cerrados e em fazendas por todo o interior do Brasil.

The campo flicker is the only member of the woodpecker family to inhabit open areas. It lives in flocks and is commonly found in the bush lands and on farms all over rural Brazil.

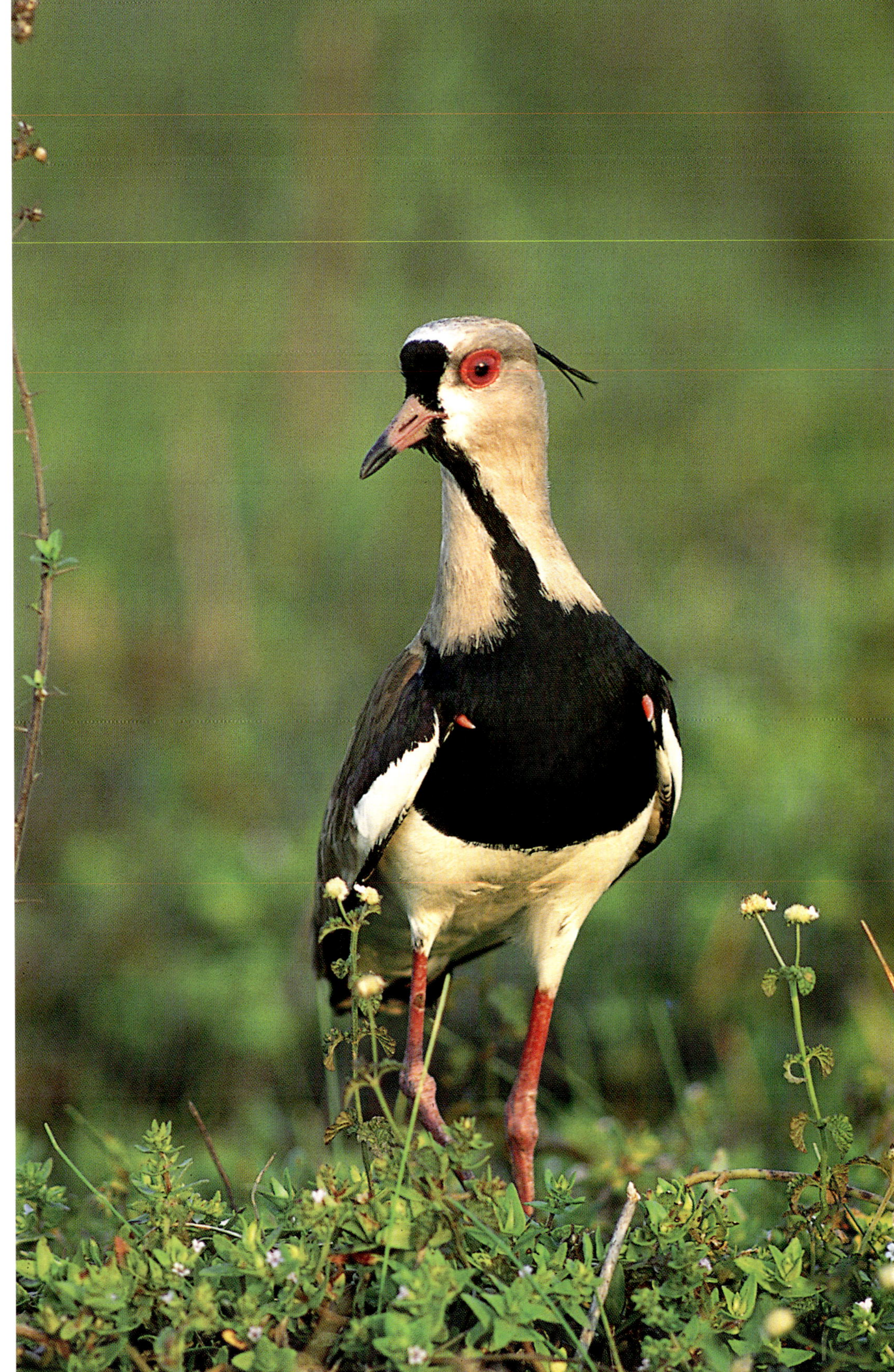

Quero-quero
(Vanellus chilensis)
Southern Lapwing

Alerta, o quero-quero estica o corpo para vigiar seu território e exibe os afiados esporões que tem no encontro das asas.

An alert southern lapwing stretches to watch over its territory and shows its sharp spurs at the point where the wings are joined to its body.

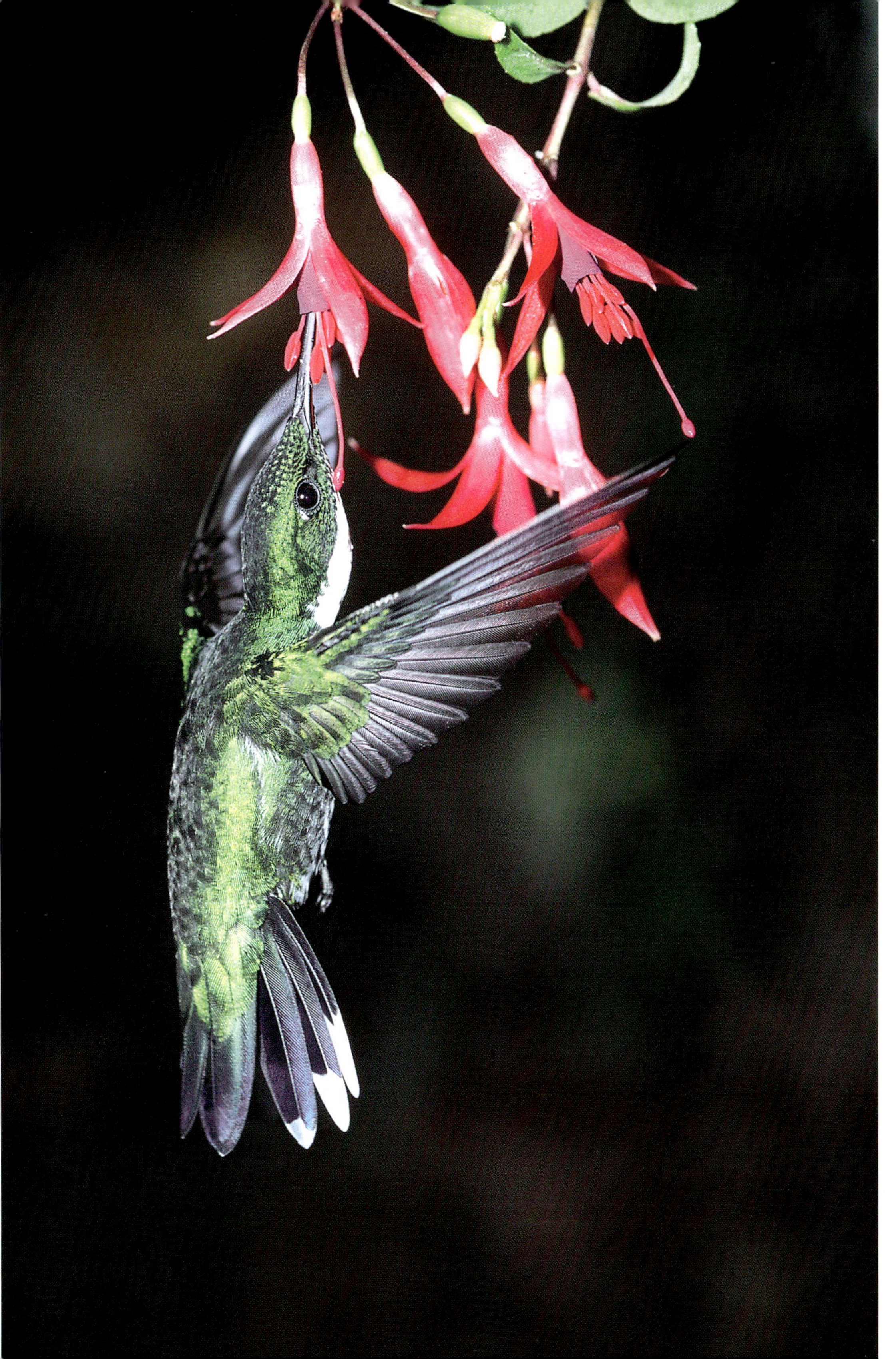

Papo-branco
(Leucochloris albicollis)
White-throated Hummingbird

Nas matas de altitude do sudeste do Brasil, o papo-branco é visitante assíduo das flores do brinco-de-princesa, bela planta silvestre.

In the high mountain grasslands of southeastern Brazil, the white-throated hummingbird is a regular visitor to the beautiful wild fuchsia flowers.

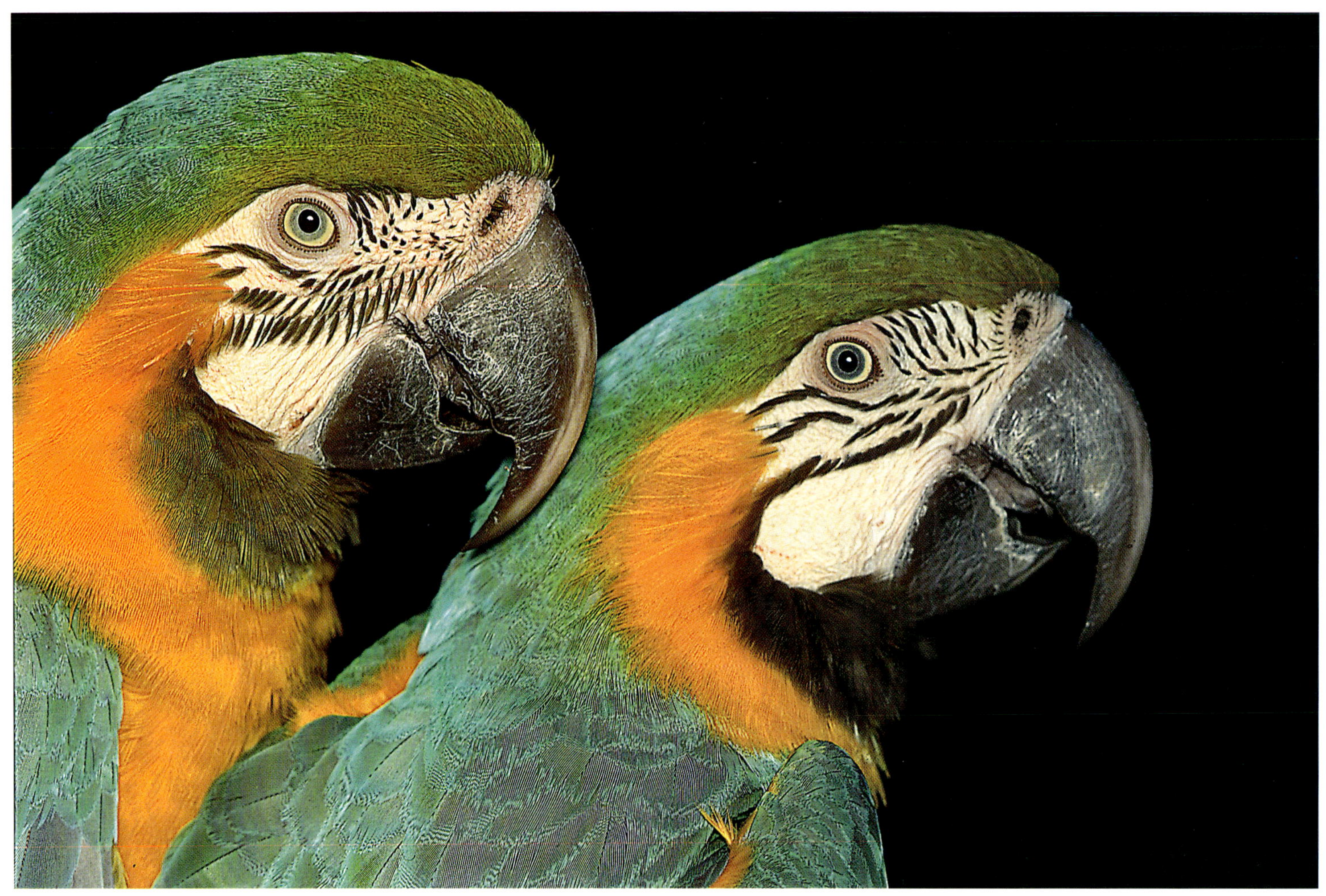

Arara-canindé
(Ara ararauna)
Blue-and-yellow Macaw

As cores fortes das penas da arara-canindé dão-lhes um lugar destacado na arte plumária indígena. Pela beleza, a ave é muito popular como animal de estimação, o que estimula a captura ilegal. O tráfico, aliado à destruição das matas e veredas onde vive, fez com que desaparecesse de várias regiões.

The bright colors of the feathers of the blue-and-yellow give them a special place in indigenous feather art. Because of its beauty, the bird is a very popular pet, creating a market of illegal hunters. The hunting, plus the destruction of the forests and palm groves where it lives, have caused it to disappear from a number of regions.

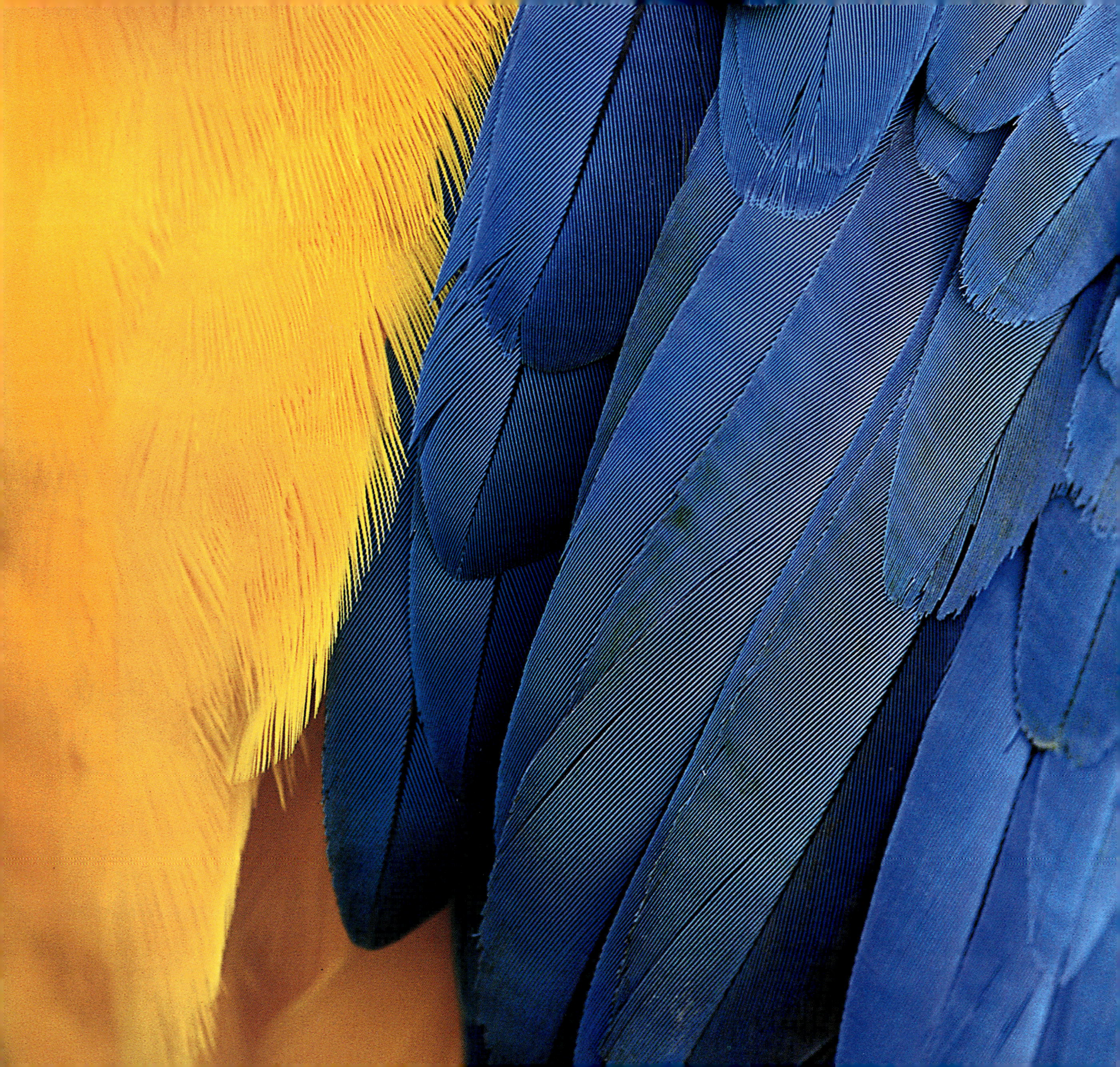

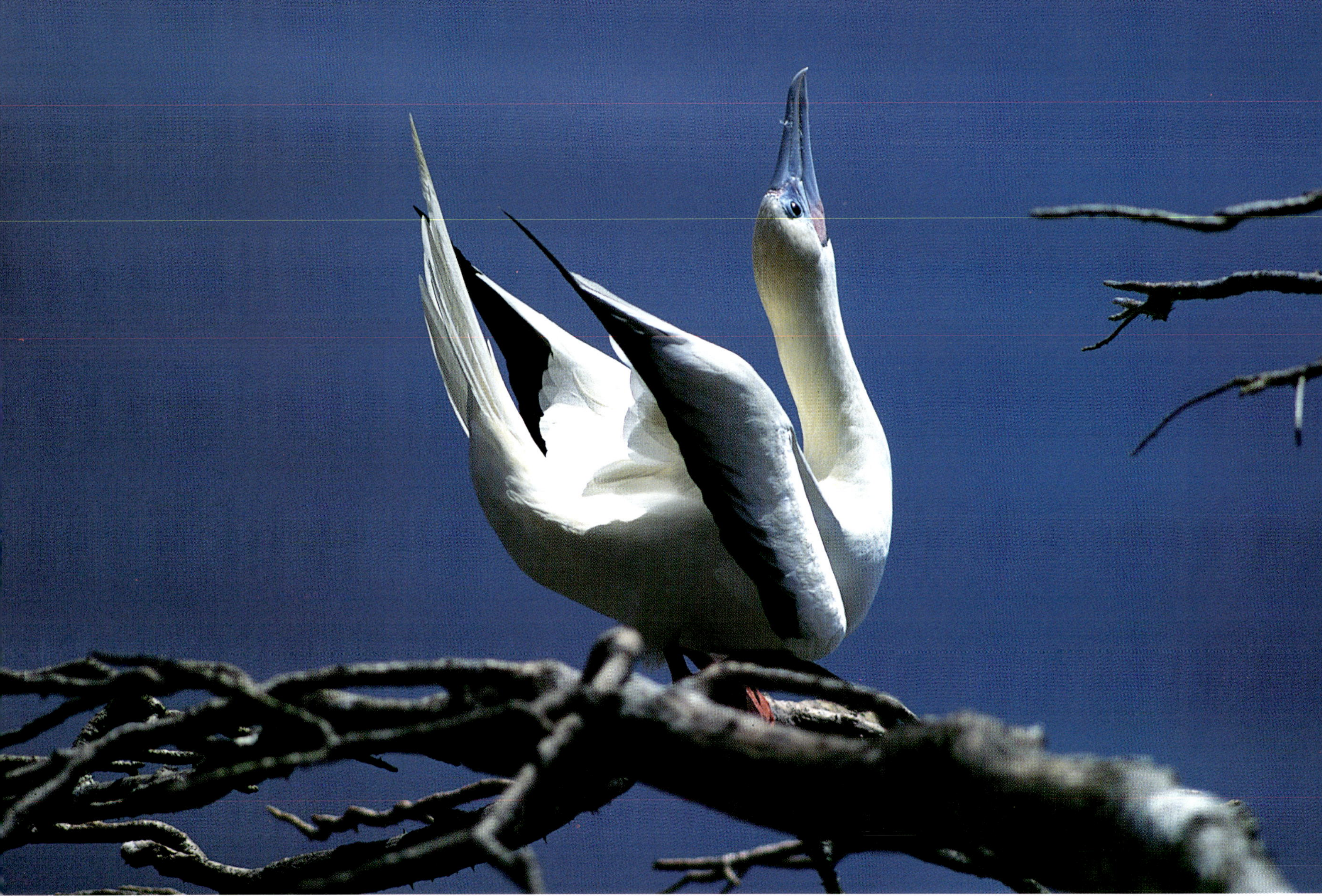

Atobá-de-pé-vermelho
(Sula sula)
Red-footed Booby

Para fortalecer a união do casal, o atobá-de-pés-vermelhos exibe uma pose ritual característica, erguendo o bico e a cauda e tremulando as asas.

To strengthen the union of the pair, the red-footed boobies put on a characteristic ritual pose, raising their beaks and tails and fluttering their wings.

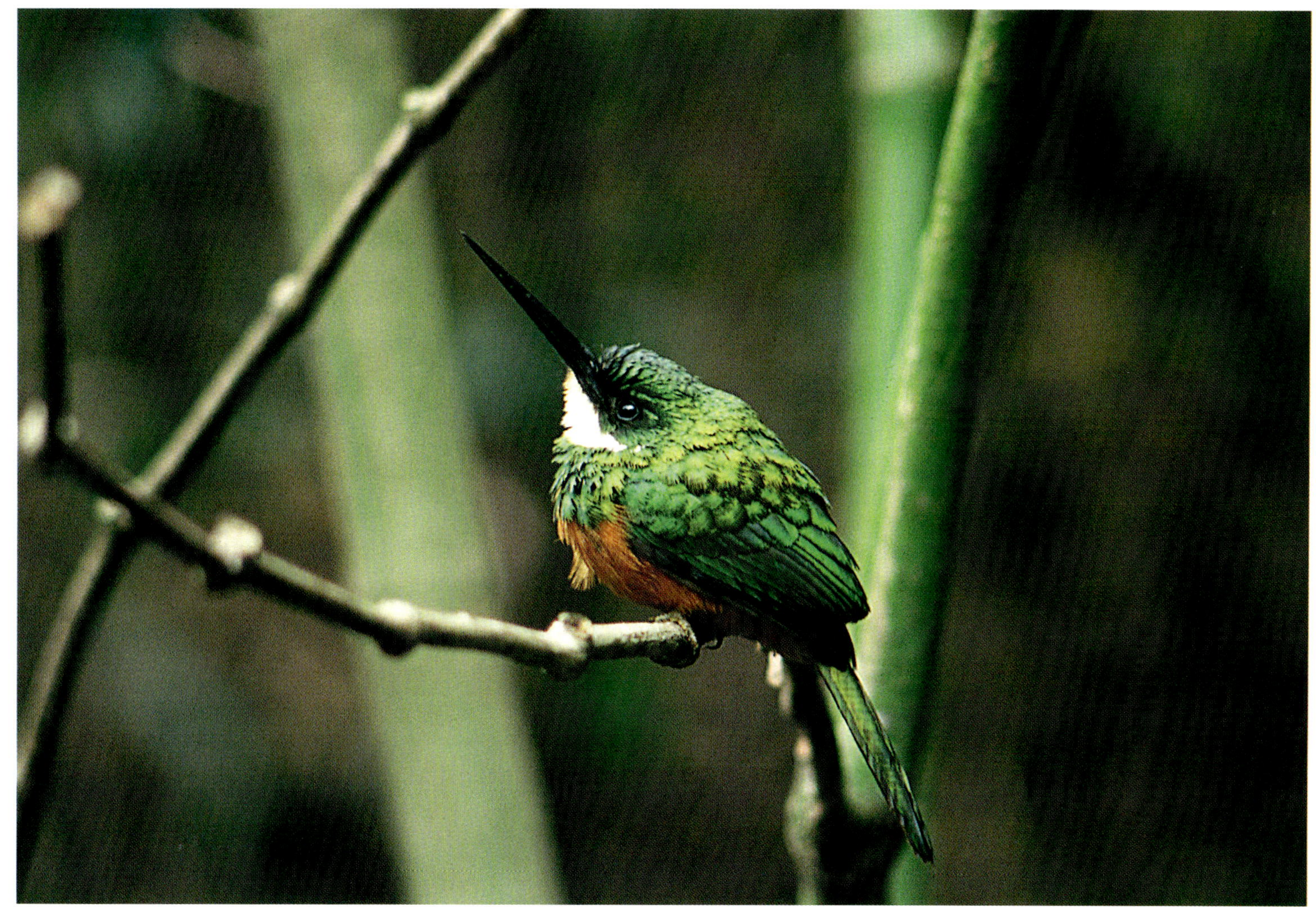

Ariramba
(Galbula ruficauda)
Rufous-tailed Jacamar

Imóvel e silenciosa, a ariramba passa longos períodos pousada em galhos sem folhas ou cipós, à espera dos insetos que captura em pleno vôo.

The rufous-tailed jacamar spends long periods perched silent and motionless on branches without leaves or vines, waiting to catch insects in flight.

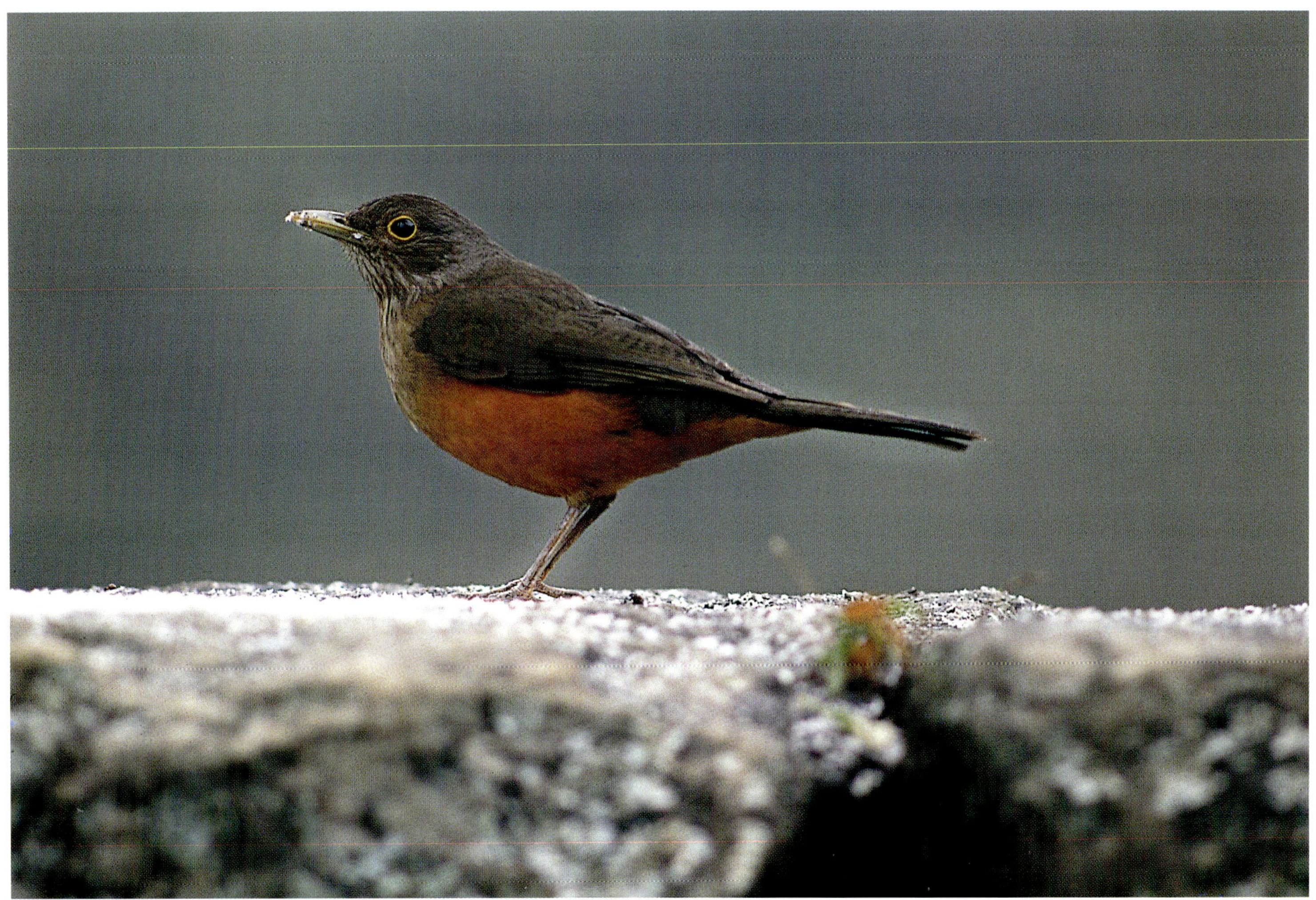

Sabiá-laranjeira
(Turdus rufiventris)
Rufous-bellied Thrush

Enquanto caminha pelo chão, o sabiá-laranjeira captura insetos e outras presas. Ele tem uma habilidade incrível em localizar minhocas, iguaria que adora.

While walking along the ground, the rufous-bellied thrush catches insects and other prey. It has an incredible skill for locating the worms that are its favorite delicacy.

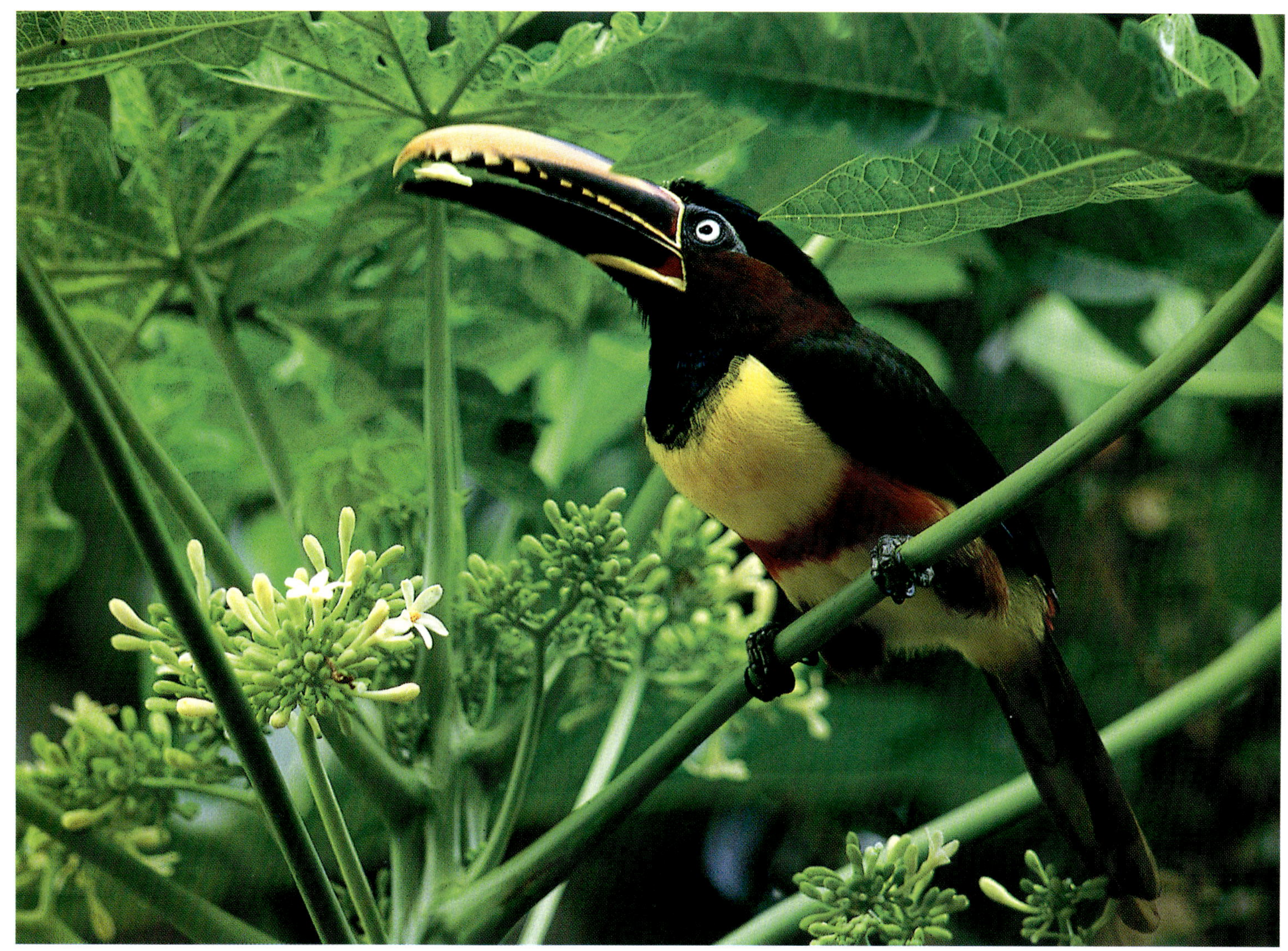

Araçari-castanho
(Pteroglossus castanotis)
Chestnut-eared Araçari

O bico do araçari-castanho parece pesado, mas é esponjoso por dentro e muito leve. Com ele, a ave alcança os frutos e flores de que se alimenta.

The beak of the chestnut-eared araçari seems to be heavy, but it is spongy inside and very light. With it, the bird can reach the fruits and flowers on which it feeds.

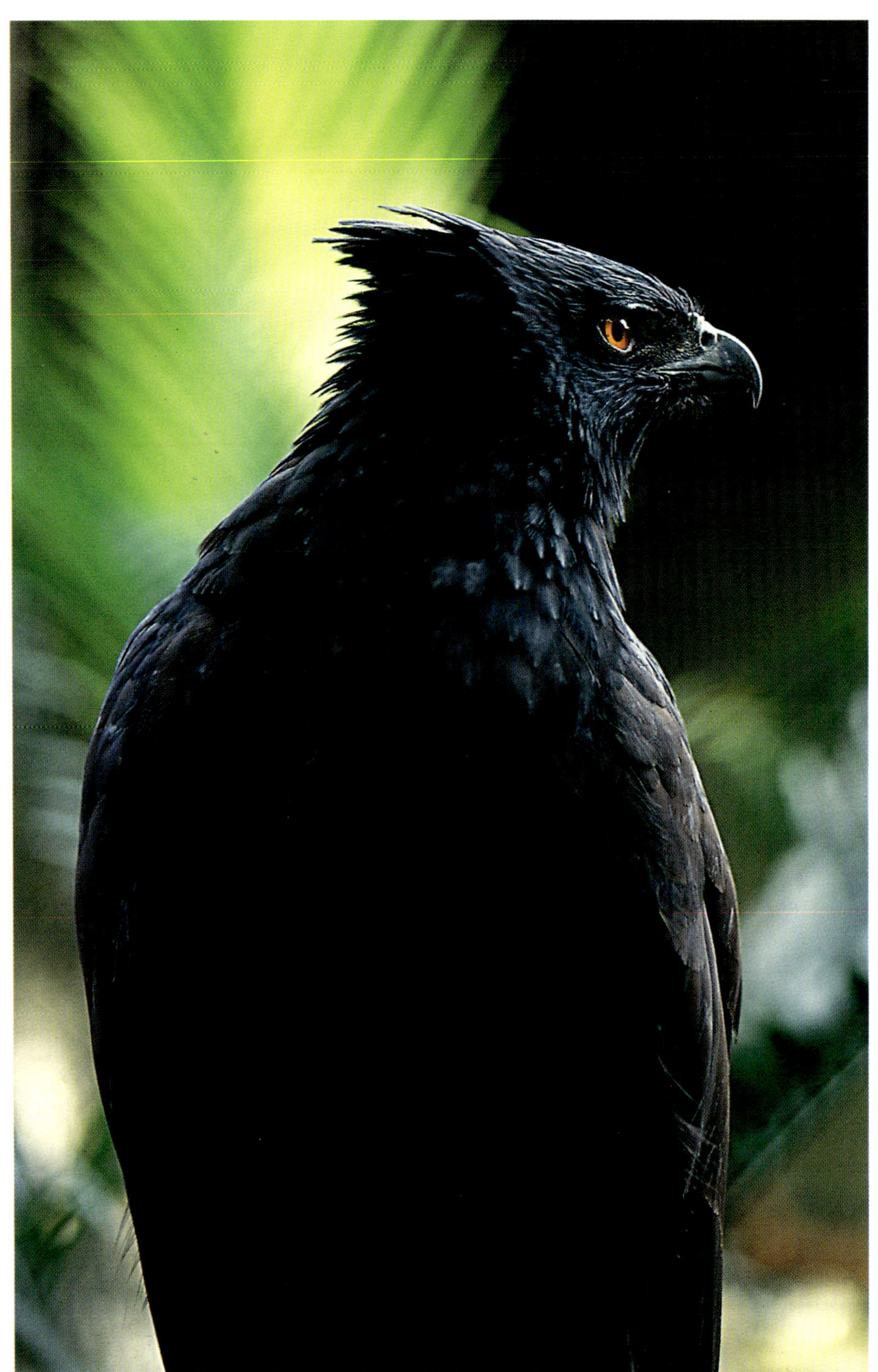

Gavião-pega-macaco
(Spizaetus tyrannus)
Black Hawk-eagle

Habitante das matas, o gavião-pega-macaco passa muito tempo pousado, quieto, observando os arredores em busca de presas como sagüis, esquilos e morcegos.

In its habitat in the forests, the black hawk-eagle spends much time quietly perched, observing the surroundings in search of such prey as sagui monkeys, squirrels and bats.

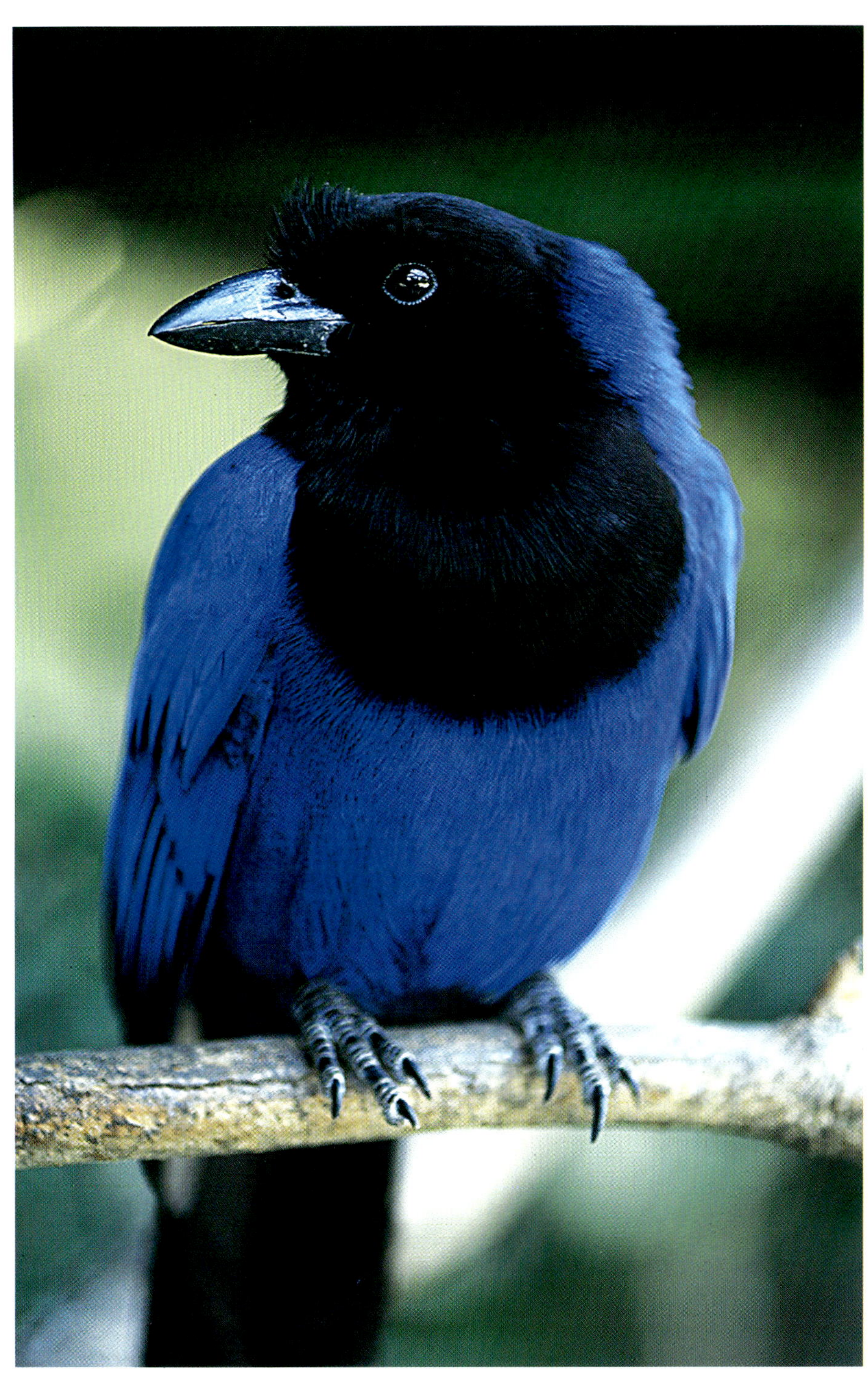

Gralha-azul
(Cyanocorax caeruleus)
Azure Jay

Além de viver nos pinheirais nativos, onde se alimenta dos pinhões das araucárias, a gralha-azul habita também a mata atlântica do sul do país.

Besides living in the native pine forests, where it feeds on the araucária *pine seeds, the azure jay also inhabits the Atlantic rainforest in southern Brazil.*

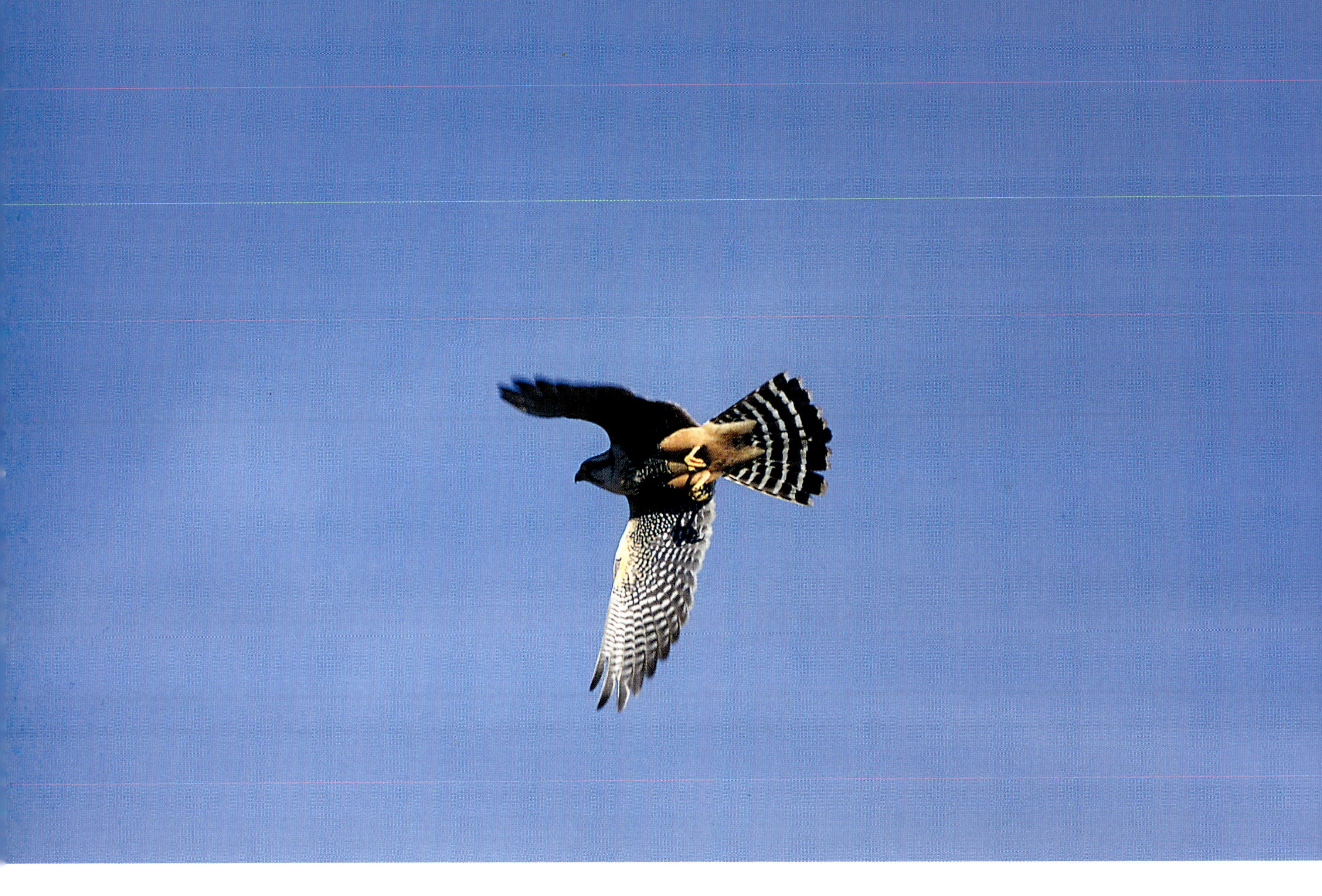

Falcão-de-coleira
(Falco femoralis)
Aplomado Falcon

O falcão-de-coleira vive em paisagens abertas, inclusive naquelas criadas pelo ser humano. Sobrevoa pastos e plantações, à caça de aves e insetos voadores.

The aplomado falcon lives in open settings, including those created by human beings. It flies over pastures and planted areas, hunting for birds and flying insects.

Marrecão
(Netta peposaca)
Rosy-billed Pochard

O marrecão habita banhados, lagos e arrozais do sul do país.
Torna-se mais comum no inverno, com a chegada de bandos que migram do oeste argentino.

The rosy-billed pochard lives in the marshes, lakes and rice fields in southern Brazil.
It is more common in winter, with the arrival of flocks that migrate from western Argentina.

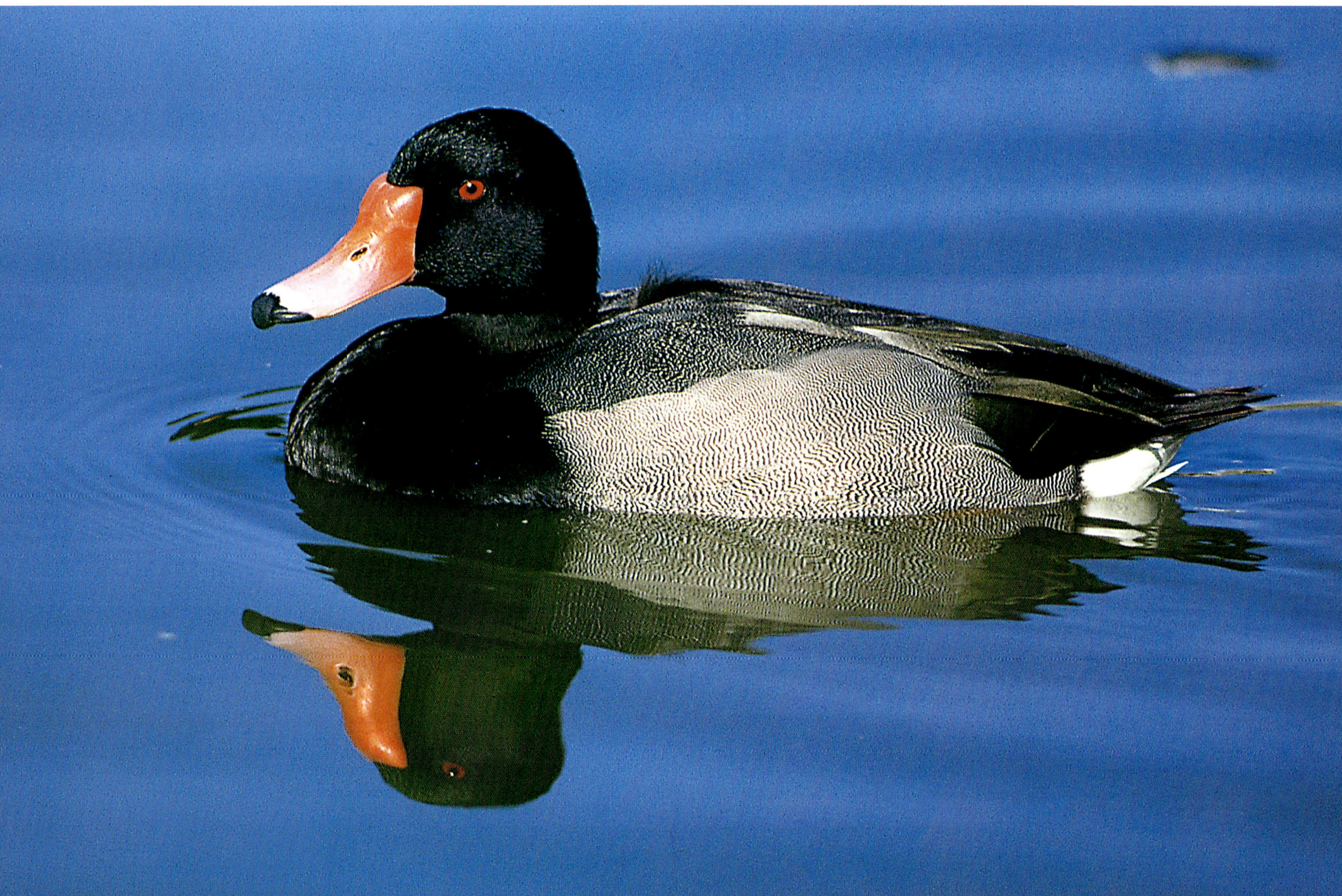

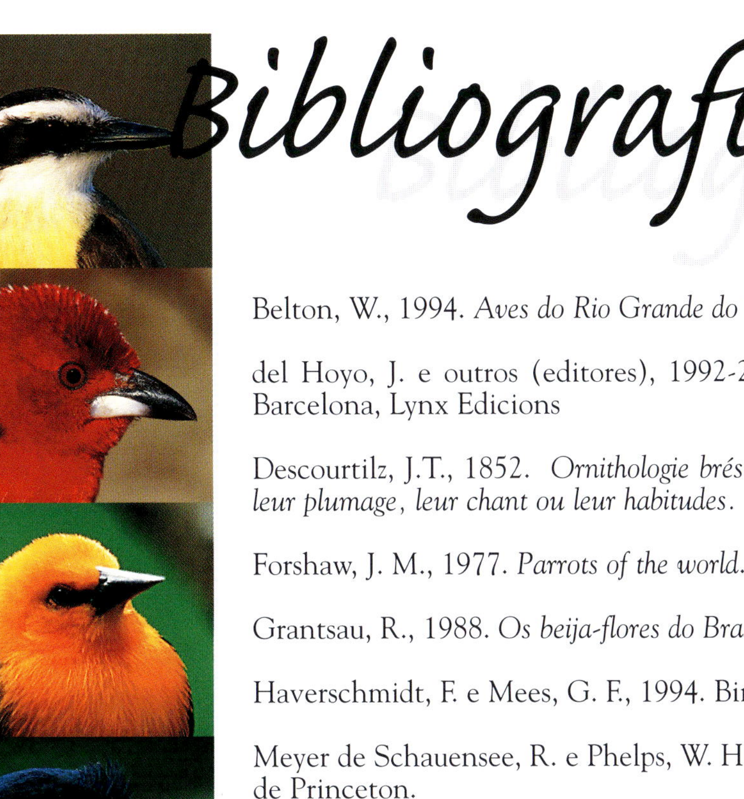

Bibliografia

Belton, W., 1994. *Aves do Rio Grande do Sul.* São Leopoldo, UNISINOS.

del Hoyo, J. e outros (editores), 1992-2004. *Handbook of the birds of the world*, 9 volumes. Barcelona, Lynx Edicions

Descourtilz, J.T., 1852. *Ornithologie brésilienne ou Histoire des oiseaux du Brésil, remarcables par leur plumage, leur chant ou leur habitudes.* Rio de Janeiro, T. Reeves.

Forshaw, J. M., 1977. *Parrots of the world.* Neptune, T. F. H. Publications.

Grantsau, R., 1988. *Os beija-flores do Brasil.* Rio de Janeiro, Expressão e Cultura.

Haverschmidt, F. e Mees, G. F., 1994. Birds of Suriname. Paramaribo, Vaco.

Meyer de Schauensee, R. e Phelps, W. H., Jr., 1978. *Birds of Venezuela.* Princeton, Universidade de Princeton.

Mitchell, M.H., 1957. *Observations on birds of southeastern Brazil.* Toronto, University of Toronto.

Narosky, T. e Yzurieta, D., 1987. *Guia para la identificación de las aves de Argentina y Uruguay.* Buenos Aires, Vazquez Mazzini.

Ridgely, R. S. & Tudor, G., 1989. *The birds of South America*, vol. 1. Austin, Universidade do Texas.

Ridgely, R. S. & Tudor, G., 1994. *The birds of South America*, vol. 2. Austin, Universidade do Texas.

Sick, H., 1997. *Ornitologia brasileira.* Rio de Janeiro, Nova Fronteira.

Stotz, D. F., Fitzpatrick, J. W., Parker, T. A., III & Moskovits, 1996. *Neotropical birds. Ecology and Conservation.* Chicago, Universidade de Chicago.

Tuck, G. e Heinzel, H., 1978. *Guía de campo de las aves marinas de España y del mundo.* Barcelona, Ediciones Omega.

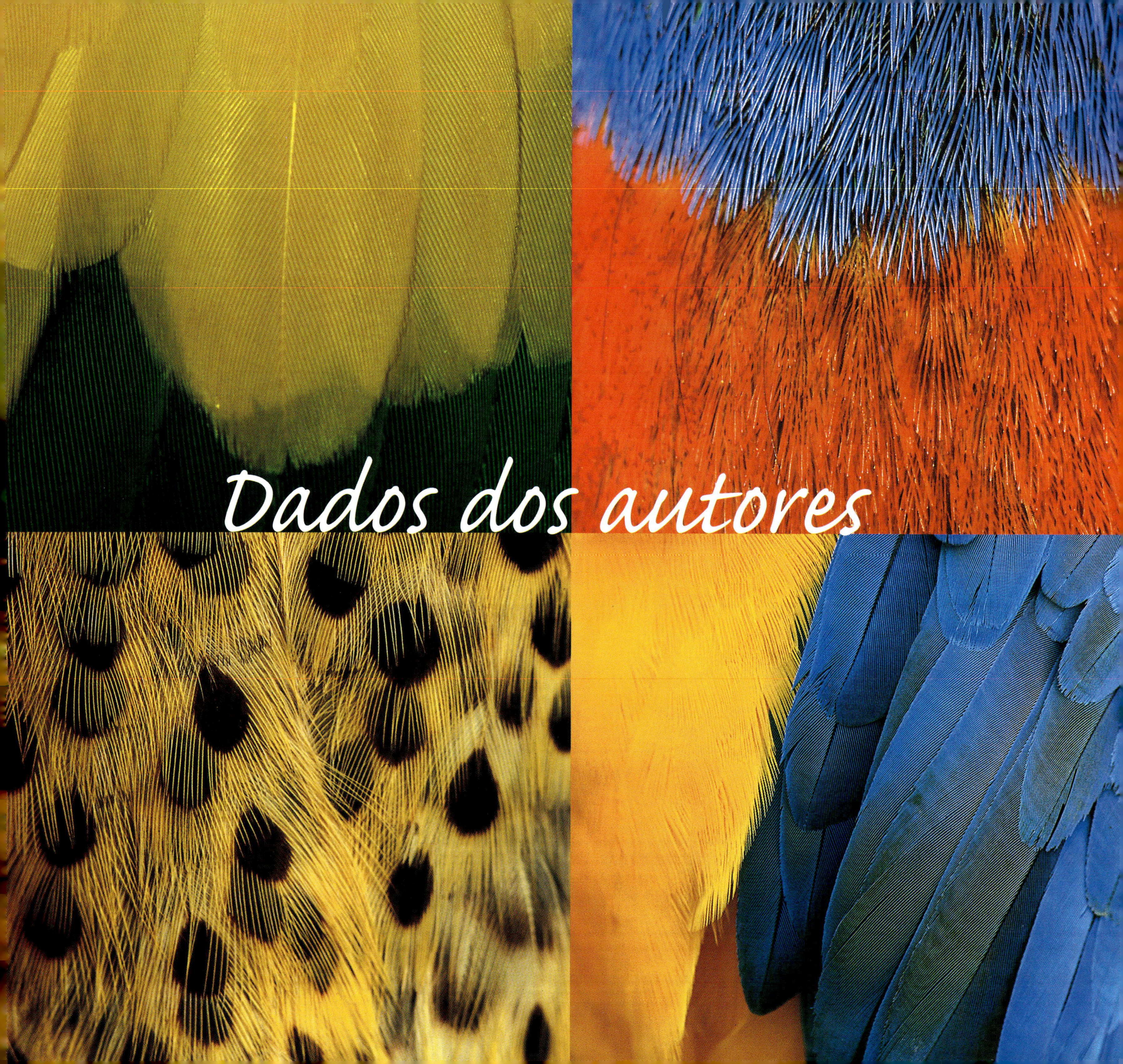

Dados dos autores

Autor

Nascido em 1964, o paulistano Fabio Colombini é formado em arquitetura pela FAU/USP. Dedica-se profissionalmente à fotografia de natureza desde 1988, retratando a fauna, a flora e as paisagens brasileiras, com especial destaque para a macrofotografia de insetos. Participou de mais de 40 exposições e suas fotos já ilustraram mais de 80 calendários e 900 livros. Dentre os prêmios recebidos, destacam-se o Prêmio Terra de Fotografia, da revista *Caminhos da Terra*, o Revela Brasil, da Fundação S.O.S. Mata Atlântica, dois prêmios da revista *Américas*, da OEA (Organização dos Estados Americanos), dois prêmios da Sociedade Brasileira de Cultura Japonesa e o World Calendar Awards (EUA), como melhor fotografia cênica no calendário Amazônias.

Fabio Colombini was born in São Paulo in 1964, and has an architectural degree from FAU/USP. He has been a professional Nature photographer since 1988, portraying Brazilian flora, fauna and scenery, and specializing in insect macrophotography. He has participated in over 40 exhibits and his photos have illustrated over 80 calendars and 900 books. Among the awards he has received are the Terra Photograph of Award, given by *Caminhos da Terra* magazine, Revela Brasil, of Fundação S.O.S. Mata Atlântica, two awards from *Américas* magazine, OAS (Organization of American States), two awards from the Brazilian Society for Japanese Culture and a World Calendar Award (USA), for the best scenic photography in the Amazônias calendar.

Autora dos textos

Martha Argel é ornitóloga, bacharel em Ciências Biológicas pela USP e doutora em Ecologia pela Unicamp. Especialista em comportamento de aves e em ecologia urbana, deu aulas para graduação e pós-graduação em diversas faculdades e atua em Consultoria Ambiental desde 1986. Além de inúmeros artigos científicos e de divulgação publicados no Brasil e no exterior, é autora de *Voando pelo Brasil* (2004), um livro infanto-juvenil sobre as aves brasileiras.

Martha Argel is an ornithologist with a bachelors degree in Biological Sciences from the University of São Paulo (USP) and has a Ph.D. in Ecology from the University of Campinas (Unicamp). She is a specialist in bird behavior and in urban ecology, having given graduate and post-graduate classes at several universities, and has been an Environmental Consultant since 1986. Besides numerous scientific and publicity articles published in Brazil and abroad, she is the author of *Voando pelo Brasil* (Flying Around Brazil) (2004), a children's book about Brazilian birds.

website: *www.marthaargel.com.br*

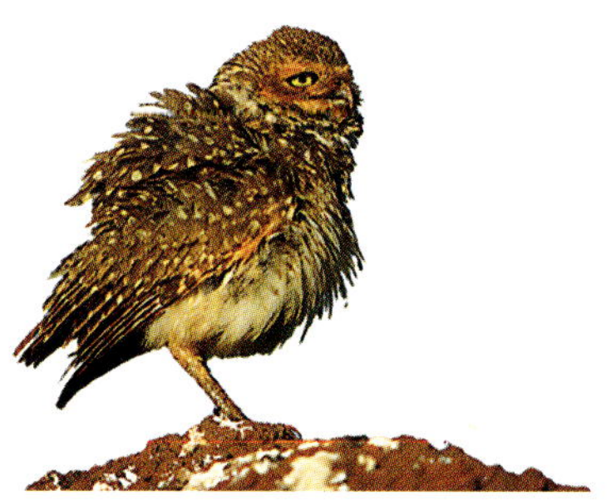

Impresso em São Paulo, SP, em abril de 2005, nas oficinas da Lis Gráfica
em papel cuchê fosco 150g/m². Composto em Goudy, corpo 12 pt.

Não encontrando este título nas livrarias,
solicite-o diretamente à editora.

Escrituras Editora e Distribuidora de Livros Ltda.
Rua Maestro Callia, 123 – Vila Mariana – 04012-100 – São Paulo – SP
Tel./fax: (11) 5082-4190 – http://www.escrituras.com.br
escrituras@escrituras.com.br (administrativo)
vendas@escrituras.com.br (vendas)
arte@escrituras.com.br (arte)

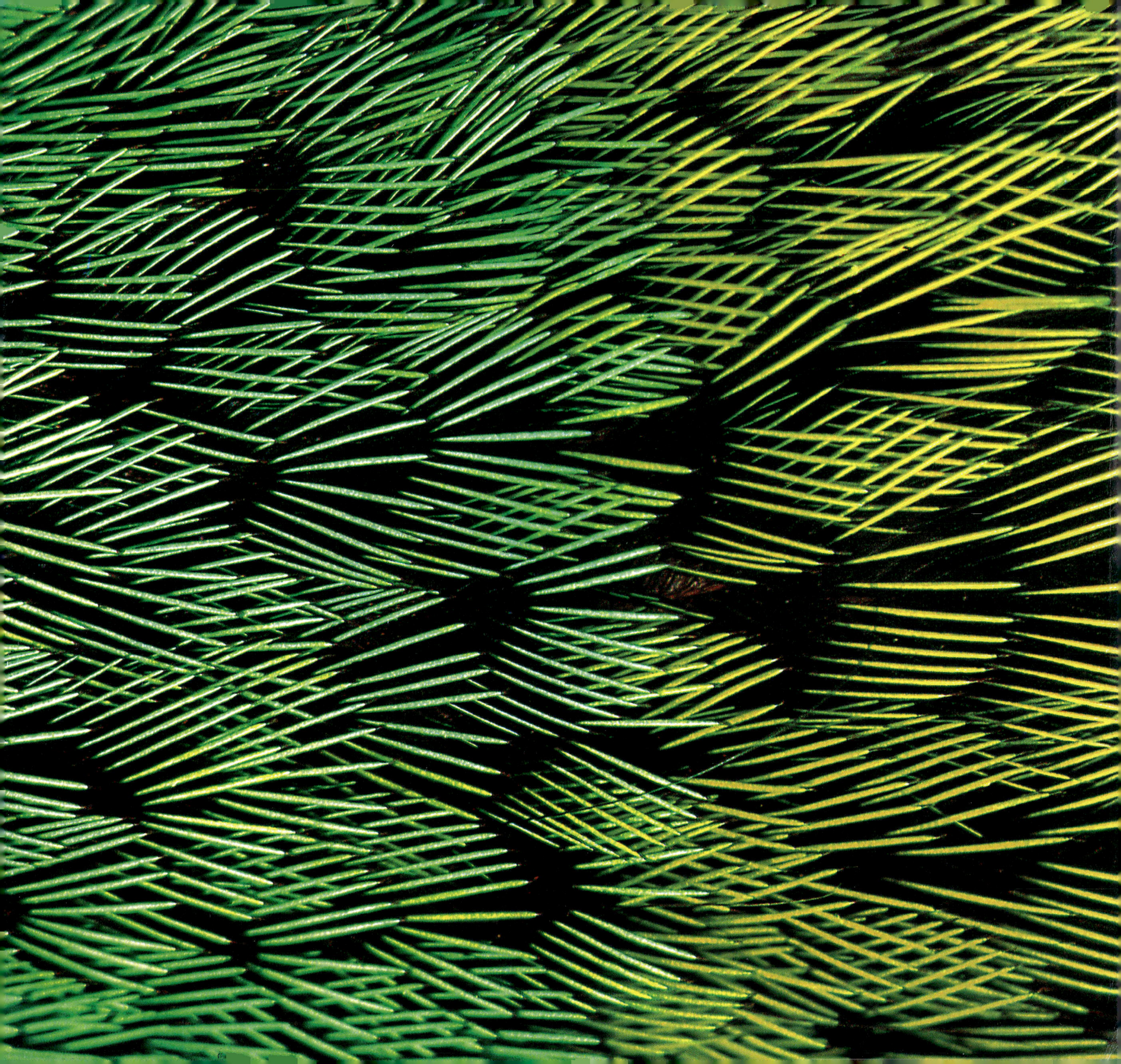